全国经济专业技术资格考试 专用教材

工商管理
专业知识与实务　中级

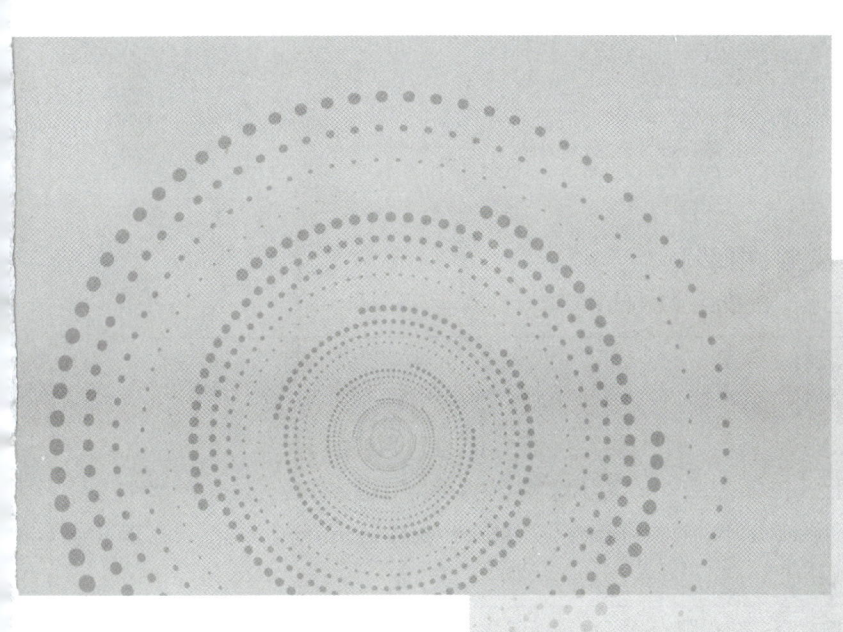

经济师考试研究院　组编

本册主编　孙晶晶

图书在版编目(CIP)数据

工商管理专业知识与实务：中级 / 经济师考试研究院组编. —上海：立信会计出版社，2023.3
全国经济专业技术资格考试专用教材
ISBN 978-7-5429-7309-2

Ⅰ.①工…Ⅱ.①经…Ⅲ.①工商行政管理—资格考试—自学参考资料Ⅳ.①F203.9

中国国家版本馆 CIP 数据核字(2023)第 043235 号

责任编辑　　方士华　　胡蒙娜

工商管理专业知识与实务(中级)

Gongshang Guanli Zhuanye Zhishi yu Shiwu(Zhongji)

出版发行	立信会计出版社		
地　　址	上海市中山西路 2230 号	邮政编码	200235
电　　话	(021)64411389	传　　真	(021)64411325
网　　址	www.lixinaph.com	电子邮箱	lixinaph2019@126.com
网上书店	http://lixin.jd.com		http://lxkjcbs.tmall.com
经　　销	各地新华书店		
印　　刷	三河市中晟雅豪印务有限公司		
开　　本	787 毫米×1092 毫米　　1 / 16		
印　　张	12.5		
字　　数	280 千字		
版　　次	2023 年 3 月第 1 版		
印　　次	2023 年 3 月第 1 次		
书　　号	ISBN 978-7-5429-7309-2/F		
定　　价	49.00 元		

如有印订差错，请与本社联系调换

通过全国经济专业技术资格考试是取得经济师职称的必要途径。近年来经济师考试热度不减，难度逐年增加。为满足广大考生备考需求，经济师考试研究院结合全新经济专业技术资格考试大纲要求，在深入研究历年考试真题的基础上，总结分析考点，剖析命题规律，倾力打造了本套"全国经济专业技术资格考试专用教材"。

本套教材主要有以下几个特点：

➢**优化知识框架**——本套教材对经济师考试大纲进行了深入分析，重新优化整合知识结构，帮助考生缩小复习范围，提高学习效率。本册《工商管理专业知识与实务（中级）》按照考试大纲展示的章序进行讲解。

➢**提纲挈领、讲练结合**——在编写过程中，编者分析、整理、研究了近4年考试真题的出题思路，使考点讲解内容紧跟考试趋势，并配套真题练习，使各知识点的考查频率、命题呈现形式及常考的关键词句一目了然，帮助考生抓住命题规律和趋势，准确把握复习重点。

➢**"懒人"备考秘籍**——大纲再现与解读、知识脉络、考点详解、典型例题四位一体，方便考生根据考试大纲特点有针对性地进行复习。编者精心组织本书内容，去芜存精，对考试大纲所涉及的知识点进行适当精简、整合，从而减少考生备考时间。此外，编者结合最新的学科知识、法律、法规、标准以及近几年专业知识与实务考试的实际情形，对本书进行了内容拓展和补充，精益求精。

➢**"名师"智慧讲堂**——本套教材汇集业内顶级辅导名师的教学研究成果，融合了多位名师多年潜心研究的智慧结晶。"书山有路勤为径，学海无涯苦作舟"，也希望本套教材可以帮助各位考生在备考之路上少走弯路。

衷心祝广大考生顺利通关！

经济师考试研究院

第一章 企业战略与经营决策

考点1 企业战略的基本概念 ……………… 3
考点2 企业战略环境分析方法 …………… 3
考点3 企业愿景、使命和战略目标的制定 ……………… 7
考点4 企业战略类型的选择 ……………… 8
考点5 企业战略实施的模型和模式 ……………… 13
考点6 企业战略控制的方法、原则和过程 ……………… 15
考点7 企业的决策方法 …………………… 16
考点8 商业模式 …………………………… 20

第二章 公司法人治理结构

考点1 公司所有者和经营者 ……………… 25
考点2 股东简介 …………………………… 26
考点3 公司的权力机构 …………………… 28
考点4 董事会简介 ………………………… 31
考点5 经理机构概述 ……………………… 35
考点6 监事会简介 ………………………… 37
考点7 中国特色国有独资公司的治理要求 ……………… 39

第三章 市场营销与品牌管理

考点1 市场营销环境概述 ………………… 45
考点2 市场营销战略规划 ………………… 47

考点3 STP战略 …………………………… 49
考点4 4P组合策略 ………………………… 52
考点5 品牌管理概述 ……………………… 56

第四章 分销渠道管理

考点1 渠道管理概述 ……………………… 63
考点2 消费品、工业品、服务产品分销渠道的构建 ……………… 64
考点3 渠道成员管理 ……………………… 66
考点4 渠道权力管理与品牌 ……………… 67
考点5 渠道冲突管理 ……………………… 69
考点6 渠道差距的产生和消除思路 ……… 71
考点7 渠道评估指标 ……………………… 72
考点8 网络分销渠道概述 ………………… 75
考点9 渠道扁平化和渠道战略联盟 ……………… 77

第五章 生产管理

考点1 生产能力的内容 …………………… 81
考点2 生产能力的计算 …………………… 81
考点3 生产计划和生产作业计划 ………… 85
考点4 生产控制和生产作业控制 ………… 90
考点5 不同类型企业的期量标准 ………… 93
考点6 现代生产方法 ……………………… 94

第六章 物流管理

考点1 企业物流 …………………………… 99

| 考点 2 | 企业采购活动 | …… | 100 |

考点 3　企业供应活动 …… 102
考点 4　企业生产物流管理活动 …… 102
考点 5　企业仓储管理活动 …… 105
考点 6　企业销售物流管理活动 …… 108

第七章　技术创新管理

考点 1　技术创新概述 …… 115
考点 2　技术创新战略概述 …… 119
考点 3　技术创新决策的评估方法 … 121
考点 4　企业研发的类型和模式 …… 123
考点 5　技术价值的评估方法 …… 124
考点 6　企业管理创新 …… 126
考点 7　知识产权概述 …… 127

第八章　人力资源规划与薪酬管理

考点 1　人力资源规划的类型、目标和预
　　　　测方法 …… 133
考点 2　绩效考核概述 …… 136
考点 3　薪酬和薪酬管理概述 …… 138
考点 4　企业薪酬制度设计概述 …… 139
考点 5　宽带型薪酬概述 …… 142

第九章　企业投融资决策及重组

考点 1　货币的价值计算 …… 147
考点 2　资本成本率计算 …… 150
考点 3　财务管理中的杠杆原理 …… 152
考点 4　资本结构概述 …… 153
考点 5　项目的财务管理 …… 154
考点 6　企业估值方法 …… 157
考点 7　企业重组类型 …… 158

第十章　电子商务

考点 1　电子商务的发展 …… 163
考点 2　电子商务的交易系统 …… 165
考点 3　网络营销概述 …… 168

第十一章　国际商务运营

考点 1　国际直接投资的动机和理论
　　　　 …… 175
考点 2　国际直接投资的形式与国际直接
　　　　投资企业建立方式 …… 177
考点 3　国际化经营概念和模式 …… 180
考点 4　跨国公司概述 …… 182
考点 5　国际商务谈判主要环节 …… 185
考点 6　信用证 …… 186
考点 7　国际商品进出口主要业务 … 187

第一章

企业战略与经营决策

大纲再现

1. 识别企业战略的特征和层次,理解企业战略管理的内涵,制定和实施企业战略方案,控制企业战略方案的实施。
2. 分析企业外部环境和企业内部环境,开展企业综合分析。
3. 区分企业战略类型,选择企业经营战略。
4. 划分企业经营决策类型,辨别企业经营决策的要素和流程,合理使用定性和定量决策方法进行企业经营决策。
5. 理解企业商业模式的内涵与构成要素,运用商业模式画布进行商业模式分析。

大纲解读

本章历年考试分值在19分左右,常考题型包括单项选择题、多项选择题和案例分析题。

本章是非常重要的章节,考试分值占比较高,需要加强重视。本章主要介绍了两大知识点,即企业战略和经营决策,具体包括企业战略的识别、制定、环境分析、选择,企业经营决策方法等内容。其中,单项选择题以灵活运用型题目为主,需要重点理解相关知识点;多项选择题以记忆型题目为主,要求加强记忆、背诵相关知识点;案例分析题考查综合运用能力,要求掌握综合运用企业经营决策的方法。

知识脉络 ▶

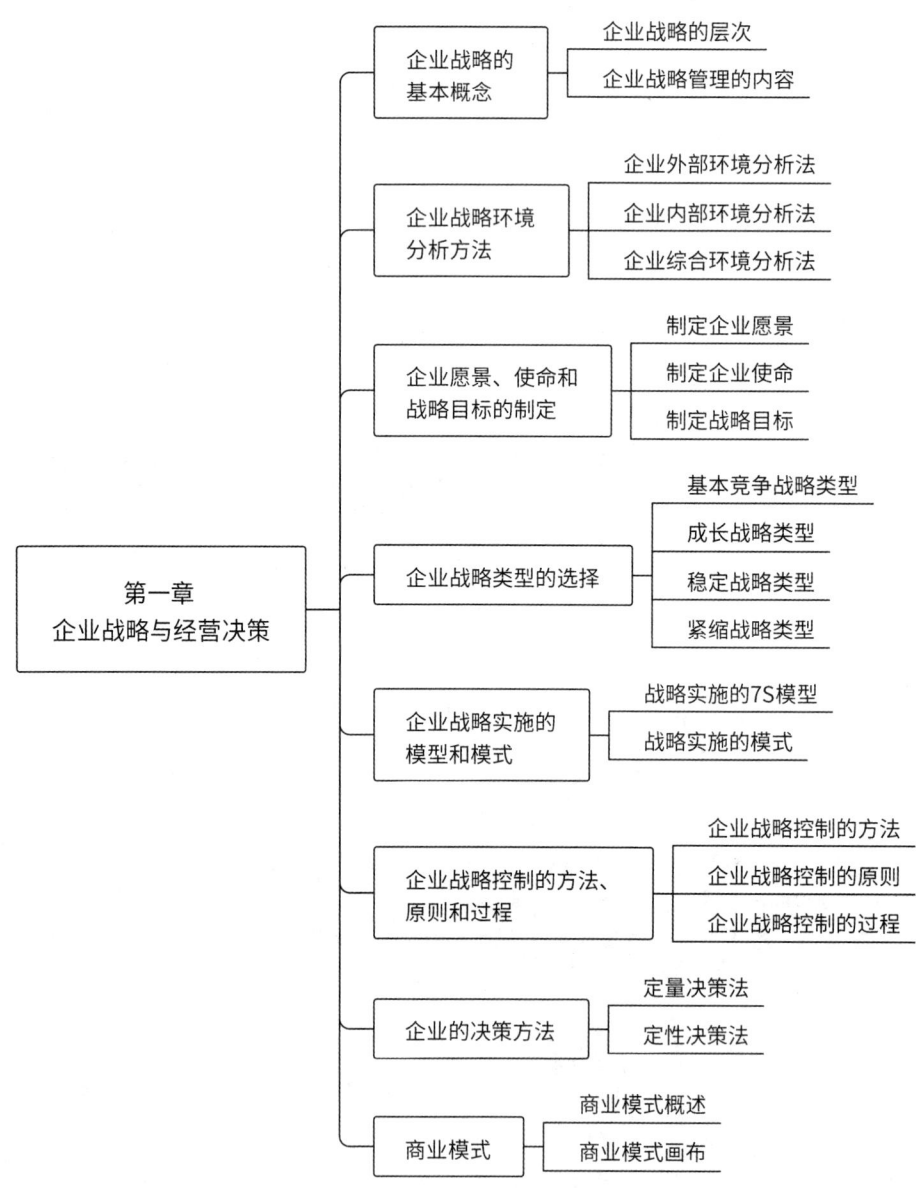

第一章　企业战略与经营决策

考点1　企业战略的基本概念 ☆☆

一、企业战略的层次

（1）企业总体战略。企业总体战略是从整个企业的角度来制定的。

（2）企业职能战略。企业职能战略是从企业的某个职能部门的角度来制定的。例如人力资源管理部门、市场营销部门、财务部门、售后服务部门。

（3）企业业务战略。企业业务战略是从企业某个特定的竞争战略单位或事业部的角度来制定的。

二、企业战略管理的内容

（1）企业战略管理的基本任务：实现特定阶段的战略目标。

（2）企业战略管理的最高任务：实现企业的使命。

（3）企业战略管理的主体：企业战略管理者。

（4）企业战略的管理过程：是一个动态的过程。

> **典型例题**

1.[单项选择题] 某跨国电子商务集团准备大力投资大数据技术研究与开发部门，建立大数据研究实验室，积极利用5G技术。从战略层次的角度分析，该集团采取的是（　　）。

A. 企业总体战略

B. 企业业务战略

C. 企业职能战略

D. 企业成长战略

[解析] 本题考点为企业战略的层次。该跨国电子商务集团"大力投资大数据技术研究与开发部门"，即该企业的投资研发部门，属于该企业的职能部门。该部门"建立大数据研究实验室，积极利用5G技术"属于职能战略的措施。

2.[单项选择题] 下列关于企业战略管理的说法中，错误的是（　　）。

A. 企业战略管理的基本任务是实现特定阶段的战略目标

B. 企业战略管理的最高任务是实现企业使命

C. 企业战略管理的主体是企业全体员工

D. 企业战略管理是一个动态的过程

[解析] 本题考点为企业战略管理的内容。A、B、D三项说法均正确。C项说法错误，企业战略的主体不是企业全体员工，而是企业的管理者。

答案：1.C　2.C

考点2　企业战略环境分析方法 ☆☆☆

一、企业外部环境分析法

企业外部环境分析法主要包括：外部因素评价矩阵、PESTEL分析法和行业环境分析法。

(一) 外部因素评价矩阵

外部因素评价矩阵,简称 EFE 矩阵,用于分析和评价企业外部关键因素。

(二) PESTEL 分析法

PESTEL 分析法适合分析外部宏观环境。其中,P 表示政治环境因素,E 表示经济环境因素,S 表示社会环境因素,T 表示科技环境因素,E 表示生态环境因素,L 表示法律因素。

(三) 行业环境分析法

(1) 行业生命周期特点及应对策略见表 1-1。

表 1-1 行业生命周期特点及应对策略

项目	周期特点	应对策略
形成期	较多的小企业,竞争压力小	研究开发和工程技术是重点;营销上注重广告宣传
成长期	行业产品完善,市场迅速扩大,销售额和利润迅速增长。行业规模扩大,竞争日趋激烈,一些不成功的企业退出	市场营销和生产管理成为关键职能
成熟期	一方面,市场趋于饱和,销售额难以增长,后期会出现下降;另一方面,竞争激烈,合并、兼并大量出现,小企业退出,行业由分散走向集中,只留下少量的大企业	成本控制和市场营销的有效性成为关键因素
衰退期	市场萎缩,行业规模缩小,留下的企业越来越少,竞争也很残酷,处于该阶段的行业就是"夕阳行业"	放弃战略或清算战略

(2) "五力模型" 分析法。迈克尔·波特教授提出的 "五力模型" 分析法 (图 1-1) 是分析行业环境的重要方法。其中,"五力"包括行业中现有企业间的竞争、潜在进入者的威胁、替代品的威胁、购买者的谈判能力、供应者的谈判能力。

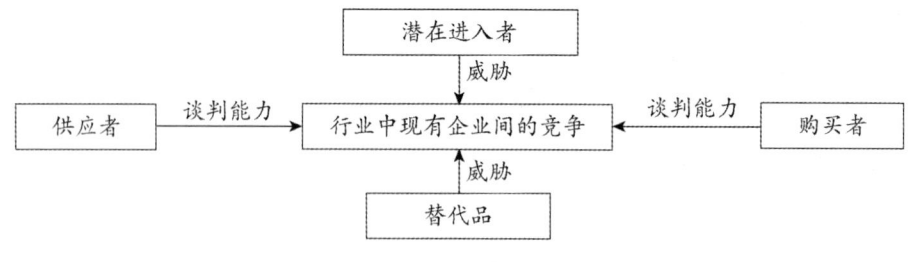

图 1-1 "五力模型" 图

(3) 战略群体。战略群体是指一个行业中的一组企业执行相同或相似的战略,包括战略群体内的竞争和战略群体间的竞争。

二、企业内部环境分析法

(一) 内部因素评价矩阵

内部因素评价矩阵,简称 IFE 矩阵,用于分析和评价企业内部关键因素。

(二)价值链

价值链包括两类活动:①辅助活动,包括企业基础职能管理、人力资源管理、技术开发、采购四种活动;②主体活动,包括供(原料供应)、产(生产加工)、储(成品储运)、销(市场营销)、后(售后服务)五种活动。

(三)核心竞争力法

1. 核心竞争力的体现

(1)资源竞争力。例如企业的人力资源、技术资源、原材料资源、土地资源、资金资源、组织资源、社会关系资源、区位优势等。

(2)关系竞争力。例如企业与相关企业的关系、企业与国家政府的关系、企业所处的国际经济社会关系、企业和消费者的关系。

(3)能力竞争力。例如企业的管理体制、运营机制、商业模式、经营管理、团队合作默契程度、对环境的适应性等。

2. 核心竞争力的特征

核心竞争力的特征包括持久性、难以转移性、难以复制性、价值性、异质性、延展性。

(四)波士顿矩阵法

波士顿矩阵(BCG矩阵)根据市场占有率和业务增长率两项指标,将企业的战略单位分为"金牛""明星""幼童"和"瘦狗"四种类型(图1-2)。其中,"金牛"业务的特点是市场占有率高,业务增长率低;"幼童"业务的特点是市场占有率低,业务增长率高;"明星"业务的特点是市场占有率高,业务增长率高;"瘦狗"业务的特点是市场占有率低,业务增长率低。

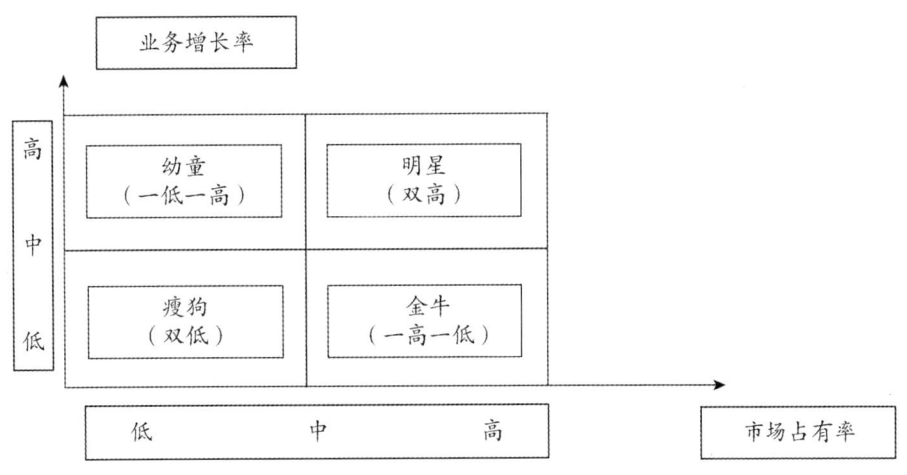

图1-2 波士顿矩阵图

三、企业综合环境分析法

进行企业综合环境分析通常用SWOT分析法。SWOT分析法中,S和W分别代表企业内部的优势和劣势,O和T分别代表外部环境的机会和威胁。SO战略表示使用优势,利用机会;WO战略表示克服劣势,利用机会;ST战略表示使用优势,避免威胁;WT表示克服劣势,避免威胁。

典型例题

1.[多项选择题] 下列方法中，可用于企业战略环境分析的方法有（   ）。
A. 外部因素评价矩阵分析法　　　　　　B. 利润轮盘分析法
C. 波士顿矩阵分析法　　　　　　　　　D. 内部因素评价矩阵分析法
E. 五力模型分析法

[解析] 本题考点为战略环境分析方法。A、E两项属于外部环境分析法，C、D两项属于内部环境分析法。B项属于战略控制方法。

2.[单项选择题] 以下在实施战略控制时属于行业环境分析的是（   ）。
A. 利润轮盘计划　　　　　　　　　　　B. 杜邦分析法
C. 波特五力分析　　　　　　　　　　　D. 波士顿矩阵法

[解析] 本题考点为行业环境分析法。著名的战略管理学家迈克尔·波特教授提出的"五力模型"分析法是分析行业结构的重要工具，其也属于行业环境分析的方法。A、B两项属于战略控制方法，D项属于内部环境分析法。

3.[单项选择题] 某行业的市场趋于饱和，内部竞争异常激烈，许多小企业逐步被淘汰，行业由分散走向集中。按照行业生命周期理论，该行业处于（   ）。
A. 形成期　　　　　B. 成长期　　　　　C. 成熟期　　　　　D. 衰退期

[解析] 本题考点为行业生命周期中的周期特点。成熟期的特点是市场趋于饱和，竞争激烈，小企业遭到淘汰。故此题正确答案为C项。

4.[单项选择题] 根据迈克尔·波特教授提出的"五力模型"分析法，在行业中普遍存在着五种竞争力量：行业中现有企业间的竞争、潜在进入者的威胁、购买者的谈判能力、供应者的谈判能力和（   ）。
A. 销售者的谈判能力　　　　　　　　　B. 互补品的威胁
C. 生产者的谈判能力　　　　　　　　　D. 替代品的威胁

[解析] 本题考点为"五力模型"分析法。在行业中普遍存在着五种竞争力量，即行业中现有企业间的竞争、潜在进入者的威胁、购买者的谈判能力、供应者的谈判能力和替代品的威胁，故D项正确。

5.[单项选择题] 企业价值链由主体活动和辅助活动构成，下列企业活动中，属于主体活动的是（   ）。
A. 技术开发　　　　　　　　　　　　　B. 采购
C. 成品储运　　　　　　　　　　　　　D. 人力资源管理

[解析] 本题考点为价值链。价值链主体活动包括原料供应、生产加工、成品储运、市场营销以及售后服务，也就是供、产、储、销、后。使用排除法，得到正确答案C项。

6.[单项选择题] 关于企业的核心竞争力的说法，错误的是（   ）。
A. 企业所独有的商业模式属于资源竞争力
B. 企业所拥有的区位优势属于资源竞争力

C. 企业核心竞争力具有持久性

D. 企业核心竞争力对企业一系列产品或服务的竞争都有促进作用

[解析] 本题考点为企业核心竞争力。企业独有的商业模式属于能力竞争力，A 项错误。

7. [单项选择题] 某型号照相机产品的业务增长率较高，市场占有率也较高。根据波士顿矩阵分析法，该型号照相机产品属于波士顿矩阵的（　　）。

A. 金牛区　　　　　B. 幼童区　　　　　C. 瘦狗区　　　　　D. 明星区

[解析] 本题考点为波士顿矩阵法。在波士顿矩阵中，业务增长率较高，市场占有率也较高，属于明星区，故 D 项正确。

8. [单项选择题] 采用 SWOT 分析法进行战略选择时，重在发挥企业优势，利用市场机会的战略是（　　）。

A. SO 战略　　　　　　　　　　　B. WO 战略

C. ST 战略　　　　　　　　　　　D. WT 战略

[解析] 本题考点为企业综合环境分析法。进行企业综合分析常用 SWOT 分析法，其中，S 为优势，W 为劣势，O 为机会，T 为威胁；根据题目信息"重在发挥企业优势，利用市场机会"，可知优势为 S，机会为 O，即 SO 战略，故 A 项正确。

答案：1. ACDE　2. C　3. C　4. D　5. C　6. A　7. D　8. A

考点3　企业愿景、使命和战略目标的制定 ☆☆

一、制定企业愿景

企业愿景是由企业内部全体成员制定，获得一致共识和认可，形成的所有人愿意全力以赴的未来方向和前景。企业愿景包括两部分，即核心信仰和未来前景。企业可以通过开发、瞄准、落实三个主要步骤实现对愿景的管理。

二、制定企业使命

企业使命阐明了企业的根本性质和存在理由。企业使命回答了"企业的业务是什么"的问题。企业使命的定位包括企业生存目的的定位、企业形象的定位和企业经营哲学的定位三个方面。

三、制定战略目标

企业战略目标是企业在一定时期内达到的业绩，一般用具体数字来表示，例如年销售额等。

▶ 典型例题

1. [单项选择题] 下列关于企业愿景的说法，正确的是（　　）。

A. 企业愿景管理包括开发愿景、修正愿景、瞄准愿景三个主要步骤

B. 企业愿景回答了"企业的业务是什么"这一问题

C. 企业愿景由企业高层领导者独断制定，并自上而下推行

D. 企业愿景包括核心信仰和未来前景两部分

[解析] 本题考点为企业愿景。企业愿景管理包括开发愿景、瞄准愿景、落实愿景三个主要步骤，A项错误；企业使命回答了"企业的业务是什么"这一问题，B项错误；企业愿景由内部成员制定，经由团队讨论，获得企业一致的共识，形成的大家愿意全力以赴的未来方向，C项错误。

2. [单项选择题] 下列关于企业使命的说法，正确的是（　　）。

A. 企业使命等同于企业愿景

B. 企业使命阐明了企业的根本性质与存在的理由

C. 企业使命的定位由企业经营哲学的定位和企业形象的定位两部分构成

D. 企业使命包括核心信仰和未来前景两部分

[解析] 本题考点为企业使命。企业使命和企业愿景是两个不同的概念，因此二者不等同，A项错误；企业使命阐明了企业的根本性质与存在的理由，B项正确；企业使命的定位包括企业生存目的的定位、企业经营哲学的定位、企业形象的定位三个方面，C项错误；企业愿景包括核心信仰和未来前景两部分，D项错误。

答案：1.D　2.B

考点4　企业战略类型的选择☆☆☆

一、基本竞争战略类型

（一）差异化战略

差异化战略的根本特征是企业需要塑造与众不同的形象。

（1）差异化战略的适用范围：①企业研发能力较强；②企业具有领先的声望和很高的知名度、美誉度；③企业的市场营销能力很强；④企业能协调好各个部门。

（2）差异化战略的实施途径：①塑造不同的品牌或使用不同的产品名称；②提供不同的服务；③突出产品特性；④加强产品创新；⑤生产不同质量的产品；⑥提高产品可靠性。

（二）集中战略

集中战略又称专一化战略，是指企业把其业务范围集中起来，例如集中于某一特定的消费者群体，或某一部分的产品线，或某一区域市场上的战略。集中战略是面向某一特定的目标市场的。

（1）集中战略的适用范围：①目标市场具有较强的吸引力；②有特殊需求的顾客；③企业经营实力较弱；④目标市场里几乎没有竞争对手。

（2）集中战略的实施途径：①选择某一个或某几个产品系列；②发挥优势集中生产运营；③选择重点客户的市场；④选择重点区域市场。

（三）成本领先战略

成本领先战略，又称低成本战略，是指企业的全部成本低于竞争对手的成本，或者是同行业中成本最低，其核心是加强企业内部成本控制。

（1）成本领先战略适用范围：①企业实施大批量生产；②企业使用先进生产设备；③企业具有较高的市场占有率；④企业能够控制费用开支。

（2）成本领先战略的实施途径：①发挥规模效应；②拥有技术优势；③进行资源整合；④选择有地理优势的经营地点；⑤建立与价值链的联系；⑥加强跨业务联系。

二、成长战略类型

（一）密集型成长战略类型

（1）市场开发战略，即企业把现有产品或服务打入新市场的战略。

（2）市场渗透战略，即企业把现有产品或服务继续投放在现有市场上的战略。

（3）新产品开发战略，即企业把新产品新服务投放在现有市场上的战略。

（二）一体化战略类型

（1）纵向一体化。纵向一体化分为两种类型：①前向一体化，即企业与输出端（一般指经销商）企业联合；②后向一体化，即企业与输入端（一般指原料供应商）企业联合。

（2）横向一体化。横向一体化是指企业与同行业企业进行联合。

（三）多元化战略类型

1. 相关多元化

相关多元化是指企业进入与现有产品或服务有一定关联的行业。其包括三种类型：

（1）同心型多元化：以市场或技术为核心进行多元化经营。

（2）水平多元化：在相同专业范围内进行多元化经营。

（3）垂直多元化：企业沿产业价值链向上或向下延伸经营领域。

2. 非相关多元化

非相关多元化是指企业进入与现有产品或服务没有任何关联的行业的战略，又称无关联多元化战略。

（四）战略联盟

1. 股权式战略联盟

股权式战略联盟是指企业之间以合资或相互持股的形式进行战略联盟，主要分为两种类型，即合资企业和相互持股。

（1）合资企业，指两家或两家以上的企业共同承担风险、共同享受利益而形成的企业。

（2）相互持股，指联盟各方为加强相互之间的联系而持有对方一定数量的股份。

2. 契约式战略联盟

契约式战略联盟是指主要通过契约交易形式构建的企业战略联盟。

（1）产品联盟，指两个或两个以上的企业通过联合生产、贴牌生产、供求联盟、生产业务外包等形式联合在一起形成的联盟。

（2）营销联盟，指两个或两个以上的企业通过特许经营、连锁加盟、品牌营销、销售渠道共享等形式联合在一起形成的联盟。

（3）产业协调联盟，指建立产业联盟体系，目的是避免恶性竞争和资源浪费。

（4）技术开发与研究联盟，指企业为了获得充分的资金或自己缺乏的技术，以降低风险而形成的联盟，例如微软与清华、北大建立的联盟。

（五）国际化战略

1. 钻石模型

迈克尔·波特教授提出的钻石模型，可用于分析一个国家的某种产业为什么能在国际上具有较强的竞争力。迈克尔·波特教授认为，决定一个国家某种产业竞争力的要素有四个：生产要素，相关支撑产业，需求条件，企业战略、产业结构和同行业竞争。钻石模型中还有两个变量：机会和政府。

2. 国际化战略的类型

（1）多国化战略，指企业向不同的国家提供不同的产品，即向本地提供本土化的产品。

（2）全球化战略，指企业向全世界提供基本一样的产品和服务，即标准化的产品和服务，不严格区分国内市场和国外市场。

（3）跨国化战略，指同时实现了产品服务的差异化和本土化的综合经营战略。其显著特点是，既能满足差异化需求，又能节约成本。

3. 国际市场进入模式

（1）投资进入模式，指企业在国外目标市场投资建立企业，并对其拥有一定程度的管理权和控制权的模式，包括独资进入和合资进入两种形式。

①独资进入，指企业用自有资金到目标市场国家投资建厂或并购企业。

②合资进入，指企业与目标市场国家的企业共同投资、共同经营、共享权利、共担风险。

（2）贸易进入模式，指企业通过贸易方式把产品或服务通过国内或国外的中间商，实现向海外市场出口的一种市场进入方式。其通常包括间接出口和直接出口两种形式。

①间接出口，指企业把产品或服务销售给国内中间商，再由国内中间商向国际市场销售产品。

②直接出口，指企业直接将产品或服务销售给国外的中间商和国外的消费者，或者委托国外中间商代销产品或服务。

（3）契约进入模式，指企业通过契约的形式，与目标国家市场的企业订立无形资产转让合同来进入目标市场的模式。其包括许可证经营、合同制造、管理合同、特许经营等多种形式。

①许可证经营，指许可方与被许可方签订合同，允许被许可方在一定时期内使用其专利、商标、公司名称或其他无形资产，并获得相应的报酬。

②合同制造，指国内企业向国外企业提供原材料、零部件由其组装，或提供标准由国外企业仿制，由国内企业承担销售责任的一种形式。

③管理合同，指企业在东道国负责某一个项目的全部经营管理，因由这种形式进入目标市场国家而签订的合同。

④特许经营，指特许方把自己的无形资产提供给被特许方使用，同时要求被特许方严格遵守经营规则。

三、稳定战略类型

（1）无变化战略，企业内外环境没有发生重大变化，在经营方面没有重大问题或隐患，没

第一章 企业战略与经营决策

有必要调整正在实施的战略。

（2）维持利润战略，注重短期经济效益而忽略长期利益，一般在经济形势不景气时采用，以维持现状。

（3）谨慎实施战略，当企业外部环境变化趋势不明显又难以预测时，则要放缓战略实施的进度，根据变化情况调整企业措施。

（4）暂停战略，当企业遇到比较大的问题时，企业需要在一段时间内降低企业目标和发展速度，重新调整企业资源，优化配置组合。

四、紧缩战略类型

（1）放弃战略。放弃战略是指将企业的一部分转让、出卖或者停止经营，比如企业的一个或几个部门、一个经营单位、一条生产线或者一个事业部。

（2）清算战略。清算是指卖掉整个企业，停止整个企业的运行。

（3）转向战略。转向战略是指缩小原有产销规模和市场规模，压缩原有领域的投资。在企业财务状况下降的情况下，也有必要采取抽资转向战略。

》 典型例题

1. [多项选择题] 企业实施差异化战略的途径包括（　　）。

A. 发挥规模效应　　　　　　　　　　B. 创新产品的功能

C. 整合企业资源　　　　　　　　　　D. 更换为具有吸引力的产品名称

E. 提升产品的质量

[解析] 本题考点为差异化战略中实施差异化战略的途径。其具体包括：①塑造不同的品牌或使用不同的产品名称；②提供不同的服务；③突出产品特性；④加强产品创新；⑤生产不同质量的产品；⑥提高产品可靠性。B、D、E 三项正确。A、C 两项属于实施成本领先战略的途径，故错误。

2. [单项选择题] 某食品企业选择儿童作为目标顾客，专业生产儿童食品。该企业采取的是（　　）。

A. 成本领先战略　　　　　　　　　　B. 多元化战略

C. 一体化战略　　　　　　　　　　　D. 集中战略

[解析] 本题考点为集中战略的应用。该企业选择了儿童市场作为目标市场，进行专业化经营，属于集中战略的特点，故 D 项正确。

3. [单项选择题] 为降低生产成本，某火力发电企业进军煤炭行业，自主供应原材料。该企业采取的企业战略是（　　）。

A. 前向一体化战略　　　　　　　　　B. 后向一体化战略

C. 转向战略　　　　　　　　　　　　D. 差异化战略

[解析] 本题考点为一体化战略。发电企业向煤炭行业进军，属于生产商向供应商整合，属于后向一体化战略。

4. [单项选择题] 某汽车生产企业同时生产轿车、卡车和摩托车等不同类型的车辆。该企业采用的是（　　）战略。

　　A. 前向多元化战略　　　　　　　　　　B. 非相关多元化战略

　　C. 水平多元化战略　　　　　　　　　　D. 垂直多元化战略

[解析] 本题考点为水平多元化战略。该汽车企业生产轿车、卡车、摩托车等不同类型的车辆，属于同一专业范围内的多种经营，所以 C 项正确。

5. [单项选择题] 为了避免恶性竞争，甲互联网公司与多家互联网公司组成战略联盟，建立全面协调和分工的联盟体系，则该战略联盟的形式是（　　）。

　　A. 技术研究与开发联盟　　　　　　　　B. 产品联盟

　　C. 营销联盟　　　　　　　　　　　　　D. 产业协调联盟

[解析] 本题考点为战略联盟的形式。产业协调联盟是指联盟成员建立全面协调和分工的产业联盟体系，避免恶性竞争和资源浪费，一般多见于高新技术企业。

6. [单项选择题] 一个汽车制造生产企业，针对供求关系同其他企业形成联盟，该联盟模式是（　　）。

　　A. 技术研究开发联盟　　　　　　　　　B. 产品联盟

　　C. 产业协调联盟　　　　　　　　　　　D. 营销联盟

[解析] 本题考点为战略联盟的类型。产品联盟是两个或两个以上企业为了增强企业的生产和经营实力，通过联合生产、贴牌生产、供求联盟、生产业务外包等形式扩大生产规模，降低生产成本，提高产品价值。

7. [单项选择题] 某汽车生产企业在较长时间的快速发展后，降低企业发展速度，重新调整企业内部各要素，优化配置现有资源，实施管理整合，该企业采取的稳定战略是（　　）。

　　A. 无变化战略　　　　　　　　　　　　B. 维持利润战略

　　C. 暂停战略　　　　　　　　　　　　　D. 谨慎实施战略

[解析] 本题考点为暂停战略的应用。暂停战略是指企业在一段较长时间的快速发展后，有可能遇到一些问题使得效率下降，此时可采用暂停战略，休养生息，即在一段时期内降低企业目标和发展速度，重新调整企业内部各要素，实现资源的优化配置，实施管理整合，为今后更快发展打下基础，故 C 项正确。

8. [单项选择题] 为了扭转亏损，某家电生产企业将旗下的洗衣机事业部整体出售，这一做法表明该企业采取的战略是（　　）。

　　A. 放弃战略　　　B. 暂停战略　　　C. 转向战略　　　D. 清算战略

[解析] 本题考点为紧缩战略类型中的放弃战略。放弃战略是将企业的一个或几个部门转让、出卖或停止经营。该企业只把洗衣机事业部出售，而不是整体家电企业出售，所以属于放弃战略。

9. [单项选择题] 某手机生产企业根据不同国家客户的不同需求，生产和销售差异化的手机。该企业实施的国际化经营战略是（　　）。

　　A. 全球化战略　　　　　　　　　　　　B. 一体化战略

C. 多国化战略　　　　　　　　　　　　D. 跨国战略

[解析] 本题考点为国际化经营战略的多国化战略。该手机企业根据不同国家的不同需求，生产和销售差异化的手机，属于多国化战略的特征，故 C 项正确。

10. [单项选择题] 某饼干生产企业不严格区分国内市场和国外市场，向国内外市场销售相同品质和口味的饼干。该企业实施的国际化经营战略是（　　）。

　　A. 全球化战略　　　　　　　　　　　　B. 一体化战略
　　C. 多国化战略　　　　　　　　　　　　D. 跨国战略

[解析] 本题考点为国际化经营战略的全球化战略。全球化战略是向全世界的市场推广标准化的产品或服务，不严格区分国内市场和国外市场。根据"企业不严格区分国内市场和国外市场，向国内外市场销售相同品质和口味的饼干"可知，其推广的是无差异的标准化产品，符合全球化战略的特点，故 A 项正确。

11. [单项选择题] 某食品公司通过出口直接将国内生产的食品销售给国外消费者，该公司采用的进入国际市场的模式是（　　）。

　　A. 投资进入模式　　　　　　　　　　　B. 贸易进入模式
　　C. 联邦模式　　　　　　　　　　　　　D. 契约进入模式

[解析] 本题考点为进入国际市场的模式。贸易进入模式是指企业在国内进行产品的生产和加工，再通过国内或国外的中间商向海外市场出口的一种市场进入方式，故 B 项正确。

12. [单项选择题] 甲企业为了进入国际市场，采用特许经营的形式与目标市场国家的乙企业订立了长期无形资产转让合同，甲企业采取的进入国际市场的模式是（　　）。

　　A. 直接出口模式　　　　　　　　　　　B. 契约进入模式
　　C. 投资进入模式　　　　　　　　　　　D. 间接出口模式

[解析] 本题考点为契约进入模式。契约进入模式包括许可证经营、特许经营、合同制造、管理合同等多种形式。甲企业是以特许经营的方式进入的，所以属于契约进入模式，故 B 项正确。

答案：1. BDE　2. D　3. B　4. C　5. D　6. B　7. C　8. A　9. C　10. A　11. B　12. B

考点5　企业战略实施的模型和模式 ☆☆

一、战略实施的7S模型

（一）硬件要素

7S模型的硬件要素有战略（strategy）、制度（systems）和结构（structure）。

（1）战略。战略是指企业通过分析内外环境，为求得企业生存和发展作出的长期规划。

（2）制度。制度是战略实施的保障，也是企业精神的具体体现。

（3）结构。组织结构是战略实施的基础。

（二）软件要素

7S模型的软件要素有人员（staff）、技能（skills）、共同价值观（shared values）以及风格（style）。

(1) 人员。战略的实施需要高素质的人员，需要具备合理的人才结构。

(2) 技能。有效的员工技能培训是企业战略实施的必要条件。

(3) 共同价值观。企业的共同价值观在企业战略实施的过程中具有约束、导向、凝聚、激励的作用。

(4) 风格。风格即企业文化，能将员工凝聚在一起，为企业战略目标的实现提供思想基础。

二、战略实施的模式

(1) 指挥型。指挥型模式的特点是企业高层领导制定一个最佳战略，然后向企业管理人员宣布企业战略，强制下层管理人员执行。

(2) 合作型。合作型模式把决策权力扩大到企业高层管理者层面，重点是协调高层管理者，使其达成一致，调动高层管理者的积极性和创造性。

(3) 文化型。文化型模式是把合作型的参与者扩大到整个企业人员的范围，包括企业的较低层次的人员，力求使整个企业人员都支持企业的战略。

(4) 增长型。增长型模式是企业战略从基层单位自下而上地产生。

(5) 变革型。在变革型模式中，如何实施战略是重点考虑的问题。

》典型例题

1. [多项选择题] 下列要素中，属于麦肯锡公司提出的7S模型中软件要素的有（　　）。

A. 人员　　　　　B. 制度　　　　　C. 技能　　　　　D. 结构

E. 共同价值观

[解析] 本题考点为7S模型。7S模型硬件要素包括战略、结构和制度，软件要素包括共同价值观、人员、技能和风格。

2. [单项选择题] 企业高层领导决定企业战略，并强制下级管理人员实施，这种战略实施模式为（　　）模式。

A. 指挥型　　　　B. 转化型　　　　C. 增长型　　　　D. 合作型

[解析] 本题考点为企业战略的实施模式。根据题目的关键信息"高层领导决定企业战略，并强制下级管理人员实施"，这属于指挥型的要点，故A项正确。

3. [单项选择题] 某网络技术有限公司由高层管理集体进行共同战略决策，积极协调高层管理人员达成战略共识并付诸实施。该企业的战略实施模式是（　　）。

A. 合作型　　　　　　　　　　　　　B. 变革型

C. 文化型　　　　　　　　　　　　　D. 增长型

[解析] 本题考点为企业战略的实施模式。合作型模式把战略决策范围扩大到企业高层管理集体之中，调动了高层管理人员的积极性和创造性，协调高层管理人员成为管理者的工作重点。根据题目描述，A项正确。

答案：1. ACE　2. A　3. A

考点6 企业战略控制的方法、原则和过程 ☆

一、企业战略控制的方法

(1) 杜邦分析法。杜邦分析法是以财务指标为基础的战略控制方法。

(2) 利润计划轮盘法。利润计划轮盘由三个部分组成,即净资产收益率轮盘、利润轮盘和现金轮盘。其中,以净资产收益率为战略的最高业绩目标。

(3) 平衡计分卡法。这是一种新型绩效评价方法,它将组织的战略落实为可操作和控制的衡量指标和目标值。平衡计分卡的设计包括顾客角度、财务角度、内部经营流程角度、学习与成长角度四个方面。

二、企业战略控制的原则

(1) 确保目标原则。确保战略目标的实现,既要注意控制短期活动目标,也要注意控制长期活动目标。

(2) 适应性原则。应根据不同经营业务的性质、需要、大小,选择不同的方法进行控制。

(3) 适度控制原则。控制的过程要严格,但也要讲究控制的弹性,切忌过度控制。

(4) 适时控制原则。控制要选择适当时机,不能在不该修正时纠正,也不能在需要纠正时没有及时采取行动。

三、企业战略控制的过程

企业战略控制的过程包括制定绩效标准、衡量实际绩效、审查结果和采取纠偏措施。

> 典型例题

1.[单项选择题] 利润计划轮盘是罗伯特·西蒙斯提出的一种基于企业战略的业绩评价模式,其由利润轮盘、现金轮盘和( )构成。

A. 资产轮盘

B. 负债轮盘

C. 销售利润率轮盘

D. 净资产收益率轮盘

[解析] 本题考点为利润计划轮盘法。利润计划轮盘包括利润轮盘、现金轮盘和净资产收益率轮盘。

2.[多项选择题] 平衡计分卡将组织的战略落实为可操作的衡量指标和目标值,平衡计分卡的设计包括( )等内容。

A. 财务角度　　　　　　　　　　B. 顾客角度

C. 生产角度　　　　　　　　　　D. 内部经营流程角度

E. 学习与成长角度

[解析] 本题考点为平衡计分卡法。平衡计分卡的设计包括顾客角度、财务角度、内部经

营流程角度、学习与成长角度。

3. [多项选择题] 企业实施战略控制的原则有（　　）。

A. 折中原则　　　　　　　　　　　　B. 确保目标原则

C. 适时控制原则　　　　　　　　　　D. 严格控制原则

E. 适应性原则

[解析] 本题考点为战略控制的原则。战略控制的原则包括确保目标原则、适度控制原则、适时控制原则和适应性原则。

答案：1. D　2. ABDE　3. BCE

考点7　企业的决策方法☆☆☆

一、定量决策法

定量决策法一般分为三类，即确定型决策方法、风险型决策方法以及不确定型决策方法。

（一）确定型决策

确定型决策指企业在稳定可控条件下进行的决策，包括两种方法：

（1）<u>线性规划法</u>。该方法是在一定的约束条件下，求解函数的最小值或者最大值的方法。

（2）<u>盈亏平衡点法</u>（量本利分析法或保本分析法）。该方法的基本特点：把企业的成本分为固定成本和可变成本两部分，然后与总收入进行比较，以确定盈亏平衡时的产量或某一固定盈利水平的产量。

（二）风险型决策

风险型决策也称统计型决策、随机型决策，指企业知道决策面临的条件，知道每种后果的出现均有一定的概率，即存在风险。风险型决策主要有两种方法：

（1）期望损益决策法。该方法通过计算每个方案的期望损益值，选择最大值或最小值的方案作为最佳方案。期望损益值公式为：

$$期望损益值 = \sum(损益值 \times 对应概率值)$$

[例题1] 某厂在下一年生产某种产品，需要确定产品批量。根据预测估计，这种产品的市场状况概率是：畅销0.3，一般0.5，滞销0.2。产品生产采取大、中、小三种批量的生产方案，具体数据见表1-2，应该选择哪种方案才能使该厂的效益最大？

表1-2　三种生产方案在不同市场状态下的损益值

方案	市场状态		
	畅销	一般	滞销
	0.3	0.5	0.2
大批量	40	28	20
中批量	36	36	24
小批量	28	28	28

[解析] 根据公式"期望损益值=∑(损益值×对应概率值)",得出:大批量生产的期望值=0.3×40+0.5×28+0.2×20=30.0,中批量生产的期望值=0.3×36+0.5×36+0.2×24=33.6,小批量生产的期望值=0.3×28+0.5×28+0.2×28=28.0。综合对比,中批量生产的期望值最大,所以应选择中批量生产方案。

(2) 决策树分析法。该方法适合分析复杂的问题,本书不作讨论。

(三) 不确定型决策

不确定型决策是指在面临市场状态难以确定且各种市场状态发生的概率无法预测的情况下所作出的决策。不确定型决策通常遵循以下 5 种思考原则:

(1) 等概率原则。假定每一市场状态具有相同的概率,根据公式计算损益值选择方案,即假设每种状态有相等的概率,则每种状态的概率为 $1/n$,通过比较每个方案的平均值进行方案的选择。其计算公式为:

$$平均值 = \sum(损益值 \times \frac{1}{n})$$

[例题2] 某企业拟开发新产品,有四种设计方案可供选择。有关资料见表1-3。

表1-3 四种设计方案在不同市场状态下的损益值

方案	市场状态		
	畅销	一般	滞销
Ⅰ	50	40	20
Ⅱ	70	50	0
Ⅲ	100	30	−20
Ⅳ	80	30	−5

运用等概率原则,则该企业应该选择哪种方案?

[解析] 根据上述资料,每种状态的概率为 $\frac{1}{3}$,各方案的平均值为:方案Ⅰ $=50\times\frac{1}{3}+40\times\frac{1}{3}+20\times\frac{1}{3}=\frac{110}{3}$;方案Ⅱ $=70\times\frac{1}{3}+50\times\frac{1}{3}+0\times\frac{1}{3}=40$;方案Ⅲ $=100\times\frac{1}{3}+30\times\frac{1}{3}+(-20)\times\frac{1}{3}=\frac{110}{3}$;方案Ⅳ $=80\times\frac{1}{3}+30\times\frac{1}{3}+(-5)\times\frac{1}{3}=35$。综合对比,方案Ⅱ的平均值最大,所以该企业应选方案Ⅱ。

(2) 乐观原则。决策者以各方案在各种状态中的最大期望损益值为标准,并在其中取最大值的方案作为对应的方案,即大中取大原则。

[例题3] 某企业拟开发新产品,有四种设计方案可供选择。有关资料见表1-4。

表 1-4　四种设计方案在不同市场状态下的损益值

方案	市场状态		
	畅销	一般	滞销
Ⅰ	50	40	20
Ⅱ	70	50	0
Ⅲ	100	30	−20
Ⅳ	80	20	−10

运用乐观原则，该企业应该选择哪种方案？

[解析] 运用乐观原则的步骤如下：第一，在各方案的损益值中找出最大值，即 {50，70，100，80}；第二，在所有方案的最大损益值中找出最大值，即 max {50，70，100，80} = 100。所以，运用乐观原则分析，该企业的最优方案应该是方案Ⅲ。

(3) 悲观原则。决策者先选择每个方案在各种状态下的最小损益值，然后从各方案的最小损益值中取最大值的方案作为对应的方案，即小中取大原则。

[例题 4] 某企业拟开发新产品，有四种设计方案可供选择。有关资料见表 1-5。

表 1-5　四种设计方案在不同市场状态下的损益值

方案	市场状态		
	畅销	一般	滞销
Ⅰ	50	40	20
Ⅱ	70	50	0
Ⅲ	100	30	−20
Ⅳ	80	20	−10

运用悲观原则，该企业应该选择哪种方案？

[解析] 运用悲观原则的步骤如下：第一，在各方案的损益值中找出最小值，即 {20，0，−20，−10}；第二，在所有方案的最小损益值中找出最大值，即 max {20，0，−20，−10} = 20。所以，运用悲观原则分析，该企业的最优方案应该是方案Ⅰ。

(4) 折中原则。决策者既不是完全的保守者，也不是极端的冒险者，其在两个极端之间的某一位置寻求决策方案，该方案的关键是乐观系数 α。决策者选取最大的加权平均值对应的方案作为最优方案。其计算公式为：

$$加权平均值 = 最大值 \times 乐观系数\alpha + 最小值 \times (1 - 乐观系数\alpha)$$

[例题 5] 某企业拟开发新产品，有四种设计方案可供选择。有关资料见表 1-6。

表 1-6 四种设计方案在不同市场状态下的损益值

方案	市场状态		
	畅销	一般	滞销
Ⅰ	50	40	20
Ⅱ	70	50	0
Ⅲ	100	30	−20
Ⅳ	80	20	−10

运用折中原则，乐观系数为 0.75，则该企业应该选择哪种方案？

[解析] 运用折中原则分析：方案Ⅰ＝50×0.75＋20×（1−0.75）＝42.5；方案Ⅱ＝70×0.75＋0×（1−0.75）＝52.5；方案Ⅲ＝100×0.75＋（−20）×（1−0.75）＝70；方案Ⅳ＝80×0.75＋（−10）×（1−0.75）＝57.5。根据计算，方案Ⅲ＞方案Ⅳ＞方案Ⅱ＞方案Ⅰ，应该选择方案Ⅲ。

（5）后悔值原则。用某一市场状态下的方案的最大收益值，减去其他方案的收益值，这个差就是后悔值，即大（最大后悔值）中取小原则。

[例题 6] 某企业拟开发新产品，有四种设计方案可供选择。有关资料见表 1-7。

表 1-7 四种设计方案在不同市场状态下的损益值

方案	市场状态		
	畅销	一般	滞销
Ⅰ	50	40	20
Ⅱ	70	50	0
Ⅲ	100	30	−20
Ⅳ	80	30	−5

运用后悔值原则，则该企业应该选择哪种方案？

[解析] 运用后悔值原则的步骤如下：第一，找到每种市场状态下的最大值，畅销、一般、滞销三种市场状态的最大值分别是{100，50，20}；第二，计算每个方案在每种市场状态下的后悔值，即用每种市场状态的最大值分别减去每个损益值，两者之差就是后悔值。后悔值见表 1-8。

表 1-8 四种设计方案在不同市场状态下的损益值

方案	市场状态		
	畅销	一般	滞销
Ⅰ	100−50＝50	50−40＝10	20−20＝0
Ⅱ	100−70＝30	50−50＝0	20−0＝20
Ⅲ	100−100＝0	50−30＝20	20−（−20）＝40
Ⅳ	100−80＝20	50−30＝20	20−（−5）＝25

第三，选出每个方案的最大后悔值，即{50，30，40，25}；第四，按照"大中取小"原则，从{50，30，40，25}中选一个最小的，即25，则应该选方案Ⅳ。

二、定性决策法

（1）德尔菲法，又称专家调查法。运用该方法的关键是：选好合适的专家；专家人数控制在10~30人；做好意见征询表。

（2）头脑风暴法，又称思维共振法。其特点是"敞开思路，畅所欲言"，专家之间不允许批评。

（3）哥顿法，又称提喻法。其运用步骤是：企业邀请专家进行集体讨论，由一名主持人来主持，首先要求专家以某一个点为主题，提出各种解决方法；其次将问题具体化，进行深入讨论；最后该企业根据讨论结果作出决策。

（4）名义小组法。以小组的名义进行集体决策，但成员之间没有沟通和交流，其特点是"背靠背，独立思考"。

>> 典型例题

[单项选择题] 某自行车生产企业要进行风险型经营决策。风险型定量决策的方法是（   ）。

A. 盈亏平衡点法

B. 决策树分析法

C. 线性规划法

D. 后悔值原则

[解析] 本题考点为风险型定量决策方法。定量决策方法包括确定型决策方法、风险型决策方法和不确定型决策方法。确定型决策方法包括线性规划法、盈亏平衡点法；风险型决策方法包括决策树分析法、期望损益决策法；不确定型决策方法包括乐观原则、悲观原则、折中原则、后悔值原则和等概率原则。

答案：B

考点8 商业模式 ☆☆☆

一、商业模式概述

商业模式是指企业整合内外关键生产要素，形成独特核心竞争力的高效系统。该系统能为客户实现价值最大化，为企业自身实现长期盈利的目标。

商业模式遵循价值活动的核心逻辑关系，主要表现在三个方面，即价值发现、价值匹配、价值获取。商业模式的特点和构成要素见表1-9。

表1-9 商业模式的特点和构成要素

项目	具体内容
商业模式的特点	能够创造独特的价值；具有整合性和系统性；难以模仿；具有抵御风险的能力；可操作性强

续表

项目	具体内容
商业模式的构成要素	定位；资源与能力；业务系统；盈利模式；现金流结构；企业价值

二、商业模式画布

企业商业模式分析的有效工具是商业模式画布。商业模式画布对商业模式的系统进行了系统性、可视化、全面性的描述。商业模式画布的分析包括三个步骤和九个模块，相关内容如图1-3所示。

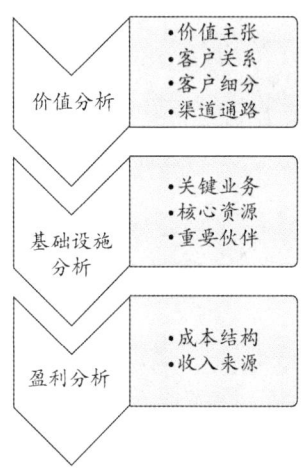

图1-3 商业模式画布的分析

>> 典型例题

1. [多项选择题]在商业模式画布分析中，属于价值分析的模块有（　　）。

   A. 价值主张

   B. 核心资源

   C. 客户细分

   D. 渠道通路

   E. 收入来源

[解析]本题考点为商业模式画布分析。商业模式画布通过三个步骤对九个模块进行逐一分析：①价值分析。企业提出价值主张，细分客户群体，分析商业模式的渠道通路和客户关系。②基础设施分析。企业衡量现有的核心资源与能力，设计或完善关键业务，寻找重要伙伴。③盈利分析。剖析商业模式下企业的收入来源和成本结构，确定企业的现金流状况，设计、调整和优化盈利模式。B项错误，核心资源属于基础设施分析。E项错误，收入来源属于盈利分析。

2. [多项选择题]下列属于商业模式的构成要素的有（　　）。

   A. 盈利模式

   B. 业务系统

   C. 现金流结构

D. 资源与能力

E. 客户关系

[解析] 本题考点为商业模式的构成要素。商业模式的构成要素包括定位、资源与能力、业务系统、盈利模式、现金流结构、企业价值。

答案：1. ACD 2. ABCD

第二章

公司法人治理结构

📑 **大纲再现**

1. 区分公司所有者与经营者，了解公司所有者与经营者的关系。
2. 说明股东的分类、构成和法律地位，辨别股东的权利和义务。
3. 理解有限责任公司股东会和股份有限公司股东大会的性质、职权。
4. 执行董事会制度，依法构建有限责任公司、股份有限公司和国有独资公司的董事会。
5. 诠释经理机构的地位，依法建立有限责任公司、股份有限公司和国有独资公司的经理机构。
6. 执行监事会制度，依法构建有限责任公司、股份有限公司和国有独资公司的监督机构。
7. 完善中国特色国有独资公司的法人治理机构。

大纲解读 ✏️

　　本章历年考试分值在10分左右，常考题型包括单项选择题和多项选择题。
　　本章内容比较简单，考查的都是法律法规的内容。近几年的单项选择题出现了考查对法律法规的灵活运用的题目，需要引起注意。本章主要介绍了股东、董事会、经理机构、监事会等内容。其中，单项选择题的考查形式以部分记忆型和部分灵活运用型题目为主，需要重点记忆和理解相关知识点；多选题以记忆型题目为主，要加强记忆背诵相关知识点。总体来说，第二章难度不大。

知识脉络 ▶

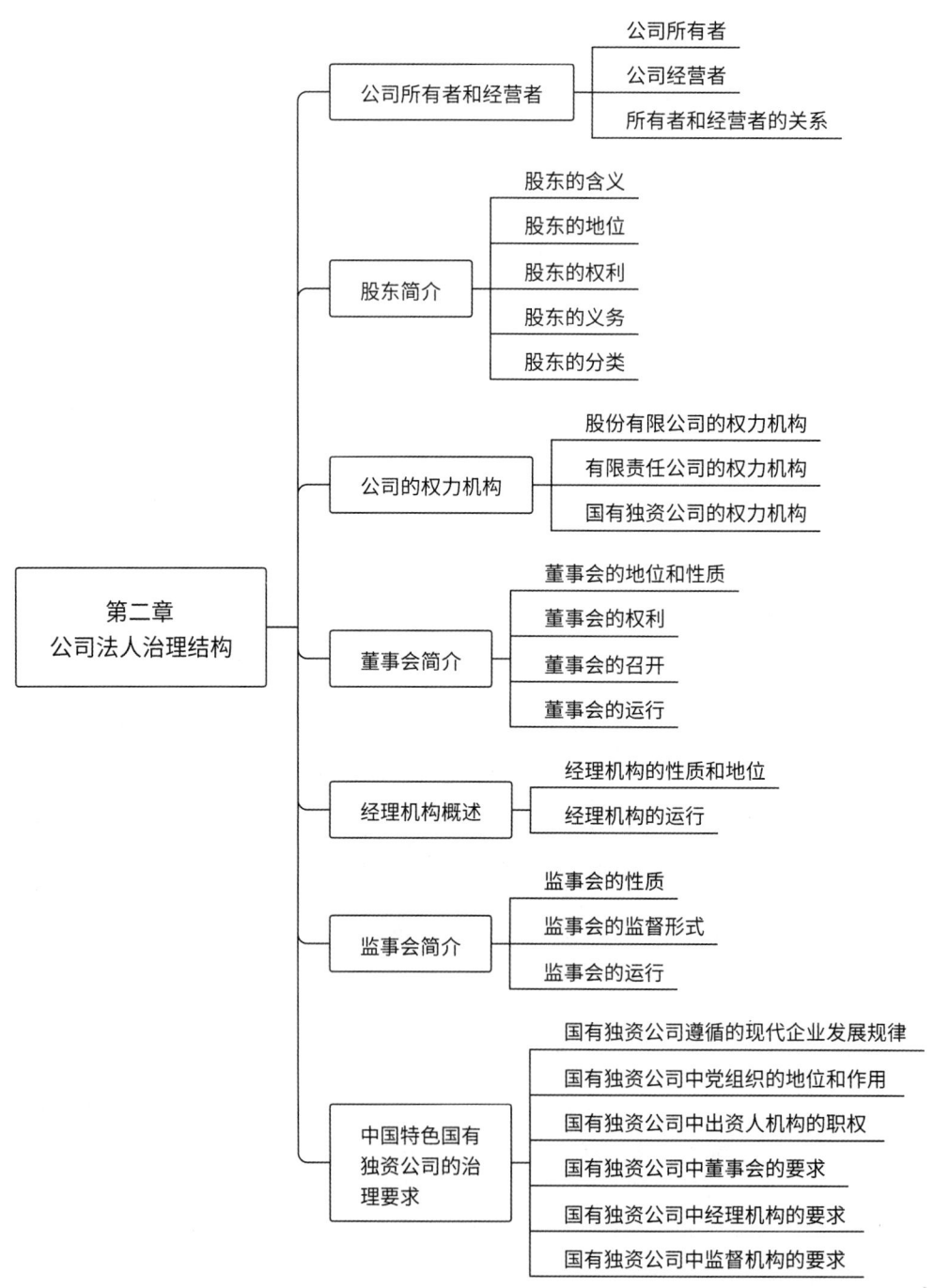

第二章 公司法人治理结构

考点1 公司所有者和经营者 ☆☆

一、公司所有者

（一）定义

公司所有者是指企业产权（财产权）的拥有者，即对企业稀缺资源权利集合的拥有者。

（二）所有权的类型

（1）原始所有权。原始所有权由公司出资者的所有权转化而来。出资者失去了对公司财产的实际占有权和支配权。原始所有权掌握在出资者（股东）手里，表现为股权。

（2）法人产权。法人产权掌握在公司手里，主要表现为对公司财产的排他性占有权、收益权、使用权和处分转让权。法人产权是原始所有权的派生所有权，是所有权的一种经济行为，其表现为对公司财产的实际控制权。

（3）原始所有权和法人产权的两次分离。

①第一次分离，原始所有权和法人产权的分离。

②第二次分离，法人产权和经营权的分离。

原始所有权与法人产权的对象是同一财产，但它们之间的经济法律关系是不同的。

二、公司经营者

（一）定义

经营者是指在企业经营人市场中聘任，控制并领导公司的日常管理工作，获得报酬的方式以年薪、期权、股权为主的经营人员。

（二）激励方式

（1）报酬激励。报酬激励形式包括年薪制、股票激励、股票期权、薪金与奖金相结合。

（2）声誉激励。声誉激励是公司以声誉向管理者提供行为激励的机制，比如给予一定的社会地位。

（3）市场竞争约束机制——能者上，庸者下。

（三）选择方式

公司经营者的选择方式包括市场招聘和内部选拔两种类型。

三、所有者和经营者的关系

所有者和经营者之间是委托代理的关系。其中，股东是所有者，经营者是代理者。

> 典型例题

1．［多项选择题］关于原始所有权和法人产权的说法，错误的有（   ）。

A. 原始所有权表现为股权

B. 法人产权表现为对公司财产的实际控制权

C. 原始所有权是一种派生所有权

D. 原始所有权与法人产权反映的是不同的经济法律关系

E. 原始所有权与法人产权的客体不是同一财产

[解析] 本题考点为原始所有权和法人产权。法人产权是一种派生所有权，C 项错误。原始所有权与法人产权的对象是同一财产，但它们之间的经济法律关系是不同的，E 项错误。

2. [单项选择题] 公司产权制度的基础是（　　）。

A. 注册资金　　　　　　　　　　　B. 股东的投资额

C. 原始所有权　　　　　　　　　　D. 公司法人财产

[解析] 本题考点为公司产权制度的基础。法人财产是公司产权制度的基础。

答案：1. CE　2. D

考点2　股东简介 ☆☆

一、股东的含义

股东是指对公司债务负有限或无限责任，并凭持有股票享受股息和红利的个人或单位。

二、股东的地位

(1) 公司的出资人。股东是企业的出资者。

(2) 享有股东权。股东享受相应的股东权利。

(3) 承担有限责任。《中华人民共和国公司法》（以下简称《公司法》）规定：公司以全部财产对公司债务承担责任。有限公司的股东以认缴的出资额为限，对公司承担责任；股份有限公司的股东以其认购的股份为限，对公司承担责任。

(4) 公司经营的最大受益人以及风险承担者。

(5) 股东平等。股东之间的地位是平等的。

三、股东的权利

(1) 公司资料的查阅权。

(2) 公司股利的分配权。

(3) 公司剩余财产的分配权。

(4) 公司新增资本优先认购权。

(5) 出资、股份的转让权。

(6) 股东（大）会的出席权和表决权。

(7) 提议临时股东（大）会召开的权利和提案权。

(8) 股东诉讼权。

(9) 其他股东转让出资的优先购买权。

(10) 董事、监事的选举权和被选举权。

四、股东的义务

(1) 遵守公司章程。

(2) 忠诚义务。①禁止损害公司利益；②谨慎负责地行使股东权利和影响力；③考虑其他股东利益。

(3) 缴纳出资。①缴纳股本的出资义务；②不得抽逃出资的义务，若有抽逃，则处以所抽逃出资金额5%~15%的罚款；③不履行出资义务的股东要承担相应的行政责任乃至刑事责任。

(4) 以出资数额为界限，对公司承担有限责任。有限责任公司的股东以其认缴的出资额为限，对公司承担有限责任；股份有限公司的股东以其认购的股份为限，对公司承担有限责任。

五、股东的分类

(一) 自然人股东与法人股东

(1) 自然人股东，中国公民和具有外国国籍的人，具有完全民事行为能力的人。

(2) 法人股东，包括社团法人、企业法人、代表国家投资的机构、各类投资基金组织四种类型。

(二) 发起人股东与非发起人股东

(1) 发起人股东是指对公司设立承担责任的股东。发起人股东的特点如下：

①发起人股东要承担因公司设立产生的债务和费用的连带责任。

②资格身份受到限制。发起人股东要是具备完全民事行为能力的自然人；法人在法律上是自由的，即不受限制；法律对发起人的国籍和住所有限制。我国《公司法》规定，必须有1/2以上的发起人在中国有住所。

③股份转让年限限制。《公司法》规定，发起人持有本公司的股份自公司成立之日起<u>1年之内不得转让</u>。

(2) 非发起人股东是指除发起人外，任何在公司设立时或公司成立后认购或受让公司出资或股份的人都能成为公司股东。

> **典型例题**

1. [单项选择题] 股份有限公司的股东以其（　　）为限，对公司承担有限责任。

A. 个人资产　　　　　　　　　　B. 认购的股份

C. 家庭资产　　　　　　　　　　D. 实缴的出资额

[解析] 本题考点为股东的法律地位。有限责任公司的股东以其认缴的出资额为限对公司承担责任；股份有限公司的股东以其"认购的股份"为限对公司承担责任，故B项正确。

2. [单项选择题] 王某是甲公司的发起人股东，公司成立后，王某因抽逃5 000万元被查处，根据我国《公司法》，对王某处以（　　）元的罚款。

A. 50万~250万　　　　　　　　B. 50万~500万

C. 250万~750万　　　　　　　D. 250万~1 000万

[解析] 本题考点为股东的缴纳出资义务。我国《公司法》规定，公司的发起人、股东在公司成立后，抽逃其出资的，由公司登记机关责令改正，处以所抽逃出资金额5%以上、15%以下的罚款。根据题目信息，王某抽逃出资金额为5 000万元，因此，对应的罚款范围为5 000×5%至5 000×15%，即250万~750万元。

3. [多项选择题] 下列属于股东义务的有（　　）。

A. 缴纳出资义务　　　　　　　　B. 遵守公司章程

C. 注意义务　　　　　　　　　　D. 勤勉义务

E. 忠诚义务

[解析] 本题考点为公司股东的义务。公司股东的义务包括：①缴纳出资义务（既是法定义务，也是约定义务）。②以出资额为限对公司承担责任。《公司法》规定，有限责任公司的股东以其认缴的出资额为限对公司承担责任；股份有限公司的股东以其认购的股份为限对公司承担责任。③遵守公司章程（最基本的义务）。④忠诚义务。

4. [单项选择题] 根据我国《公司法》，下列权利中，不属于股东权利的是（　　）。

A. 财务负责人的聘任权　　　　　　B. 股东会的表决权

C. 监事的选举权　　　　　　　　　D. 公司股利的分配权

[解析] 本题考点为公司法人治理结构中的股东权利。财务负责人的聘任权属于董事会的职权。

5. [多项选择题] 根据我国《公司法》，关于股份有限公司发起人的说法，正确的有（　　）。

A. 须有三分之一以上的发起人在中国境内有住所

B. 发起人持有的本公司股份不得转让

C. 发起人抽逃出资的，处以所抽逃出资金额5%以上、15%以下的罚款

D. 公司不能成立时，发起人对认股人已缴纳的股款负返还股款并加算银行同期存款利息的连带责任

E. 自然人作为发起人应当具有完全民事行为能力

[解析] 本题考点为发起人股东相关内容。设立股份有限公司，应当有2人以上200人以下的发起人，其中须有半数以上的发起人在中国境内有住所，A项错误。发起人持有的本公司股份自公司成立之日起1年内不得转让，B项错误。

答案：1.B　2.C　3.ABE　4.A　5.CDE

考点3　公司的权力机构 ☆☆

一、股份有限公司的权力机构

股份有限公司的权力机构是股东大会，股东大会是最高权力机构。

（一）股东会职权

（1）审议批准董事会的报告。

（2）审议批准监事会或监事的报告。

（3）审议批准公司年度财务预算方案和决算方案。

（4）审议批准公司利润分配方案以及弥补亏损方案。

（5）对公司增加或减少注册资本作出决议。

（6）对变更公司形式或者公司合并、分立、解散、清算作出决议。

（7）对公司发行债券作出决议。

（8）决定公司经营方针和投资计划。

（9）选举以及更换非由职工代表来担任的董事、监事，决定他们的报酬。

(10) 修改公司章程。

(11) 公司规定的其他职权。

(二) 股份有限公司股东会种类

(1) 临时股东大会。应该在两个月内召开临时股东大会的情形：①董事会认为必要时；②监事会提出召开；③董事会人数不足法定人数的 2/3；④公司未弥补的亏损达到实收股本总额的 1/3；⑤单独或合计持有公司 10% 以上股份的股东请求；⑥公司章程上规定的其他情形。

(2) 股东年会。根据《公司法》规定，股东大会应每年召开一次。

(三) 股份有限公司股东大会的召集

按照《公司法》规定，董事会召集股东大会，由董事长或副董事长（董事长不能主持的情况下）或半数以上董事共同推举出一名董事主持（副董事长不能主持的情况下）。在董事会不能召集的情况下，监事会可以召集和主持股东大会；监事会不召集主持的，连续 90 日以上单独持有公司 10% 以上股份或者合计持有 10% 以上股份的股东可自行召开。

(四) 临时提案的提出

单独持有公司 3% 以上股份或合计持有 3% 以上的股东，可以在股东大会召开 10 日前提出临时提案提交董事会。董事会应在收到提案后 2 日内通知其他股东，将该提案提交股东大会审议。

(五) 累积投票制

累积投票制适用于董事或者监事选举。

(六) 股东会决议类型

(1) 普通决议。对一般事项作出的决议称作普通决议。普通决议通过方式：1/2 以上有表决权的股东通过。

(2) 特别决议。对公司重要事项所作出的决议称作特别决议。特别决议事项包括：减少或增加注册资本；修改章程；公司分立、合并、解散或变更公司形式。特别决议通过方式：2/3 以上有表决权的股东通过。

二、有限责任公司的权力机构

有限责任公司的权力机构是股东会，股东会是最高权力机构。

(一) 股东会职权

有限责任公司股东会的职权与股份有限公司一致，参考股份有限公司股东会的职权。

(二) 有限责任公司股东会种类

(1) 定期会议。定期会议是指按公司章程规定的时间期限召开的股东会会议。

(2) 首次会议。首次会议指公司成立后召开的第一次股东会会议。按照《公司法》要求，首次股东会会议的召集和主持者应是出资最多的股东。

(3) 临时会议。临时会议是由于法定事由临时召开的会议，时间通常介于两次定期会议之间。召开条件：1/3 以上的董事或监事会提议召开；无监事会的公司的监事提议召开；代表 1/10 以上表决权的股东提议召开。

三、国有独资公司的权力机构

国有独资公司没有股东会，国有资产监督管理机构是国有独资公司的权力机构。该机构决定国有独资公司的解散、分立、合并以及公司债券发行、注册资本增加或减少。其中，重要事项，例如国有独资公司的解散、分立、合并、申请破产，先由国有资产监督管理机构审核，然后再报本级人民政府批准。

》典型例题

1. [单项选择题] 下列情形中，应当在两个月内召开临时股东大会的是（　　）。

A. 董事人数不足法律规定人数的4/5
B. 公司未弥补的亏损达实收股本总额的1/3
C. 合计持有公司5%以上股份的股东请求
D. 单独持有公司5%以上股份的股东请求

[解析] 本题考点为临时股东大会的召开条件。在两个月内召开临时股东大会的情形：董事会人数不足法律规定人数的2/3；公司未弥补的亏损达到实收股本总额的1/3；单独或者合计持有公司10%以上股份的股东请求；董事会认为必要时；监事会临时提出召开；公司规定的其他章程。

2. [单项选择题] 股东可以在股东大会召开（　　）日前提出临时提案提交董事会。

A. 10　　　　　　　　　　　　　　B. 5
C. 4　　　　　　　　　　　　　　D. 3

[解析] 本题考点为临时提案的提出。单独或者合计持有公司3%以上股份的股东，可以在股东大会召开10日前提出临时提案提交董事会。

3. [单项选择题] 根据我国《公司法》，股份有限公司召开股东大会修改公司章程所形成的决议，必须经出席会议的股东所持表决权的（　　）通过。

A. 1/3以上　　　　　　　　　　　B. 1/2以上
C. 2/3以上　　　　　　　　　　　D. 全体

[解析] 本题考点为股东大会会议的决议方式。股东大会的决议分为普通决议和特别决议，其中特别决议即股东大会作出修改公司章程、增加或减少注册资本的决议，以及公司合并、分立、解散或者变更公司形式的决议，必须经出席会议的股东所持表决权的2/3以上通过。根据题目关键信息"召开股东大会修改公司章程"，可知其属于特别决议的事项，因此C项正确。

4. [单项选择题] 某有限责任公司成立后，拟召开第一次股东大会，根据我国《公司法》，此次会议的召集人应为（　　）。

A. 出资最多的股东　　　　　　　　B. 董事会
C. 监事会　　　　　　　　　　　　D. 过半数股东推选的股东

[解析] 本题考点为有限责任公司的股东会的种类及召集。有限责任公司首次会议是指公司成立后召集的第一次股东会议，按照《公司法》要求，首次股东会会议由"出资最多的股东"召集和主持。

5. [单项选择题] 甲省乙市的国企要增加副董事长，该事项的决定部门是（ ）。
A. 甲省国资监督管理机构　　　　　　B. 乙市国资监督管理机构
C. 甲省省政府　　　　　　　　　　　D. 乙市市政府

[解析] 本题考点为国有独资公司的权力机构。国有独资公司的董事长或副董事长由国有资产监督管理机构从董事会成员中指定。甲省乙市的国企要增加副董事长应该由乙市国资监督管理机构从董事会成员中指定。

答案：1.B　2.A　3.C　4.A　5.B

考点4　董事会简介 ☆☆☆

一、董事会的地位和性质

（一）董事会地位

董事会是执行机构，依附于股东机构。

（二）董事会性质

（1）公司的执行机构。

（2）公司的经营决策机构。

（3）公司的法定常设机构。

（4）公司法人对外代表机构。

（5）代表股东管理公司的机构。

二、董事会的权利

（1）股东机构的合法召集人，执行股东机构的决议。

（2）为股东机构准备财务决算方案、预算方案、利润分配方案、弥补亏损方案、增资或减资方案、公司债券发行方案。

（3）制定公司的合并、分立、解散或变更公司形式的方案；制定公司的基本管理制度。

（4）决定公司的内部管理机构的设置和公司的经营要务。

（5）聘任或解聘公司经理、副经理以及财务负责人，并决定报酬事项。

三、董事会的召开

（一）董事会会议召集和主持

根据《公司法》规定，召集董事会会议应该提前10日通知全体董事。其可以由董事长或副董事长（董事长不能主持的情况下）或由半数以上的董事共同推举出一名董事召集和主持（副董事长不能主持的情况下）。

（二）定期会议

我国《公司法》规定，有限责任公司的定期会议召开期限交由公司（章程）自行规定。股份有限公司董事会的定期会议每年度至少召开2次。

（三）临时会议

我国《公司法》规定，董事会临时会议召开条件为：代表 1/10 以上表决权的股东，1/3 以上的董事或监事会提议召开临时董事会。董事长应在收到提议后 10 日内召集和主持董事会会议。

（四）董事会的决议方式

董事会的决议方式包括三个原则：多数通过原则（1/2 以上）；一人一票原则；董事数额多数决原则（把一人一票原则和多数通过原则结合起来）。

四、董事会的运行

（一）股份有限公司的董事会

1. 董事会成员的规定

（1）我国《公司法》规定，股份有限公司的董事会组成人员数在 5～19 人。

（2）董事会成员的任期每届不得超过 3 年。任期届满，可以连任。

（3）董事的忠实义务。其包括禁止泄露商业秘密、禁止滥用公司财产、自我交易之禁止、竞业禁止。

2. 独立董事

（1）独立董事的人数。董事会成员中应至少包括 1/3 的独立董事，但是实际人数由公司自主决定。

（2）独立董事的任职条件。其包括以下五个条件：①具有要求的独立性；②具有 5 年以上经济、法律或其他履行独立董事职责必需的工作经验；③具备担当上市公司董事的资格；④具备上市公司运作的基本知识，熟悉相关法律法规；⑤公司章程规定的其他条件。

（3）不得担任独立董事的人员。不得担任独立董事的人员包括：①为上市公司或其附属企业提供咨询、财务、法律等服务的人员；②在上市公司或者其附属企业任职的人员及其直系亲属、主要社会关系；③直接或者间接持有上市公司已发行股份 5% 以上的股东单位或在上市公司前 5 名股东单位任职的人员及其直系亲属；④直接或间接持有上市公司 1% 以上股份或上市公司前 10 名股东里的自然人股东与其直系亲属；⑤最近一年曾有以上后三项所列举情形的人员；⑥公司章程规定的其他人员；⑦其他中国证监会认定的人员。

（4）独立董事向股东会或董事会发表独立意见。其包括以下六种情形：①提名任免董事；②公司董事以及高级管理人员的薪酬；③聘任或解聘高级管理者；④独立董事认为可能会损害中小股东权益的事项；⑤发生总额高于 300 万元的事项或高于净资产 5% 的借款或者其他资金来往；⑥公司规定的其他事项。

（5）独立董事的职权。其包括以下五种职权：①提议召开董事会；②重大关联交易应先由独立董事认可后，再提交董事会讨论；③向董事会提议聘用或者解聘会计师事务所，独立聘请外部审计机构以及咨询机构；④提请召开临时股东大会；⑤在股东大会召开前向股东征集投票权，独立董事行使上述权利应当取得全体独立董事的 1/2 以上同意。

(二) 有限责任公司董事会

1. 成员规定

(1) 我国《公司法》规定，有限责任公司董事会的成员为 3～13 人，国企中需要有职工代表。

(2) 董事的任期每届不得超过 3 年，届满之后可以连任。

2. 任职资格

不得担任公司董事、监事以及高级管理人员的情形包括以下五种：

(1) 无民事行为能力或限制民事行为能力。

(2) 个人所负数额较大的债务到期未清偿的。

(3) 因受贿、贪污、挪用财产、侵占财产或者破坏社会主义市场经济秩序，被判处刑罚，执行期未满 5 年；或者因犯罪被剥夺政治权利，执行期满未逾 5 年。

(4) 担任破产清算的公司、企业的董事或厂长、经理，对该公司、企业破产负有个人责任，自该公司破产清算完结之日起未逾 3 年的。

(5) 担任因违法而被吊销营业执照或责令关闭的公司、企业的法定代表人，并负有个人责任，自该公司被吊销营业执照之日起未逾 3 年的。

(三) 国有独资公司的董事会

1. 董事会成员规定

(1) 国有独资公司董事会的成员为 3～13 人，其中要有职工代表。国有资产监督管理机构从董事会成员中指定董事长和副董事长。

(2) 董事会的成员任期。我国《公司法》规定，国有独资公司的董事每届不能超过 3 年。

2. 公司章程制定方式

公司章程制定包括两种方式：①由董事会制定并报国有资产监督管理机构批准；②由国有资产监督管理机构制定。

3. 董事的身份

国有独资公司的董事会成员来源有两种形式，即国有资产监督管理机构委派和公司职工代表大会选举。

4. 董事会的特征

国有独资公司的执行机构是董事会。我国《公司法》明确规定，国有资产监督管理机构制定和批准国有独资公司章程。

>> 典型例题

1. [单项选择题] 根据我国《公司法》，下列职权中，不属于董事会的是（　　）。

A. 执行股东会的决议

B. 决定公司的合并方案

C. 决定公司的经营计划

D. 制定公司的基本管理制度

[解析] 本题考点为董事会职权。董事会的职权之一是制定公司的合并方案,具有决定权的是股东大会,所以 B 项不属于董事会的职权。

2. [单项选择题] 2022 年 10 月 10 日,某股份有限公司半数董事提议召开董事会临时会议,根据我国《公司法》,该公司董事长应当于( )前召集和主持该会议。

A. 2022 年 10 月 20 日　　　　　　　　B. 2022 年 10 月 15 日

C. 2022 年 10 月 25 日　　　　　　　　D. 2022 年 10 月 17 日

[解析] 本题考点为股份有限公司董事会临时会议的召开时间。我国《公司法》对股份有限公司董事会临时会议作了规定,代表 1/10 以上表决权的股东,1/3 以上的董事或监事会提议召开董事会,董事长应在 10 日内召集和主持董事会会议。该公司半数董事提议召开董事会的时间是 2022 年 10 月 10 日,那么根据规定,董事长应在 2022 年 10 月 20 日前召集和主持会议。

3. [单项选择题] 某上市公司拟改组董事会,下列人员中,不得担任该公司独立董事的是( )。

A. 在该公司第十大股东单位任职的人员

B. 在持有该公司 1% 已发行股份的股东单位任职的人员

C. 在该公司第二大股东单位任职的人员

D. 在持有该公司 3% 已发行股份的股东单位任职的人员

[解析] 本题考点为独立董事的任职条件。独立董事应该具有独立性,以下人员不得担任独立董事:①在上市公司或者其附属企业任职的人员及其直系亲属、主要社会关系;②直接或间接持有上市公司 1% 以上的股份或上市公司前 10 名股东中的自然人股东及其直系亲属;③直接或间接持有上市公司已发行股份 5% 以上的股东单位或在上市公司前 5 名股东单位任职的人员及其直系亲属;④最近一年内曾经有前三项所列举情形的人员;⑤为上市公司或者其附属企业提供财务、法律、咨询等服务的人员;⑥公司章程规定的其他人员。C 项,第二大股东单位属于公司前 5 名股东单位,所以其任职人员不能担任该公司独立董事。

4. [多项选择题] 我国上市公司独立董事享有的职权有( )。

A. 提议召开董事会

B. 提名、任免董事

C. 聘用或解聘会计师事务所

D. 向董事会提请召开临时股东大会

E. 独立聘请外部审计机构

[解析] 本题考点为独立董事的职权。独立董事的职权包括:①重大关联交易应由独立董事认可后,提交董事会讨论;②向董事会提议聘用或解聘会计师事务所;③向董事会提请召开股东大会;④提议召开董事会;⑤独立聘请外部审计机构和咨询机构;⑥在股东大会召开前向股东征集投票权。

5.[单项选择题] 下列关于股份有限公司董事会会议的说法，错误的是（   ）。

A. 代表1/10以上表决权的股东可以提议召开董事会临时会议

B. 1/3以上的董事可以提议召开董事会临时会议

C. 1/3以上的监事可以提议召开董事会临时会议

D. 董事会每年度至少召开两次会议

[解析] 本题考点为股份有限公司董事会会议。股份有限公司董事会临时会议召开条件的：代表1/10以上表决权的股东，1/3以上的董事或监事会提议召开董事会。董事长应在接到提议后10日内，召集和主持董事会会议。

6.[多项选择题] 下列属于国有独资公司章程制定方式的有（   ）。

A. 由国有资产监督管理机构制定

B. 由董事会制定并报国有资产监督管理机构批准

C. 由股东大会决定

D. 由董事会决定

E. 由经理机构决定

[解析] 本题考点为国有独资公司的章程制定方式。国有独资公司章程制定的方式有两种：①由国有资产监督管理机构制定；②由董事会制定并报国有资产监督管理机构批准。

答案：1.B 2.A 3.C 4.ADE 5.C 6.AB

考点5 经理机构概述☆

一、经理机构的性质和地位

（一）经理机构的性质

经理机构依附于董事会，接受董事会的指挥和监督。

（二）经理机构与董事会的关系

经理机构和董事会的关系是董事会对经理实施控制，并以此作为基础的合作关系。其中，首先是控制，其次才是合作。

二、经理机构的运行

（一）股份有限公司的经理机构

1. 经理机构的选任与解聘

我国《公司法》规定，有限责任公司与股份有限公司可以设置经理，由董事会决定聘任或者解聘，经理对董事会负责。

2. 经理机构的职权

（1）主持公司生产经营管理工作，组织实施董事会决议以及组织实施公司投资方案和年度经营计划。

（2）拟订公司的内部管理机构设置方案、公司基本管理制度。

(3) 提请聘任或解聘公司副经理、财务负责人。

(4) 聘任或解聘不是由董事会决定聘任或解聘的管理人员。

(5) 制定公司的具体规章。

(6) 公司章程以及董事会授予的其他职权。

(二) 有限责任公司的经理机构

有限责任公司的经理机构与股份有限公司的经理机构相同。

(三) 国有独资公司的经理机构

(1) 经理机构由董事会决定。我国《公司法》规定，由董事会聘任或解聘国有独资公司的经理。经国有资产监督管理机构同意，董事会成员可兼任经理。

(2) 经理的职权与义务。国有独资公司经理的职权与义务与有限责任公司、股份有限公司相同。

>> 典型例题

1. [单项选择题] 在现代公司治理结构中，董事会与经理的关系是（　　）。

A. 以契约为基础的平等协商关系

B. 以委托—代理为基础的互助关系

C. 以董事会对经理实施控制为基础的合作关系

D. 以董事会对经理授权为基础的隶属关系

[解析] 本题考点为经理机构和董事会的关系。经理机构和董事会的关系是把董事会对经理实施控制作为基础的合作关系。其中，首先是控制，其次才是合作。

2. [多项选择题] 在有限责任公司和股份有限公司中，经理被授予了部分董事会的职权，经理对董事会负责，行使的职权包括（　　）。

A. 主持公司的生产经营管理工作

B. 决定公司管理机构设置方案

C. 确定公司的基本管理制度

D. 实施公司年度经营和投资方案

E. 聘任或解聘副经理、财务负责人

[解析] 本题考点为有限责任公司和股份有限公司经理机构的职权。A、D两项正确。B、C、E三项错误，其均属于董事会的职权。

3. [单项选择题] 根据我国《公司法》，国有独资公司的经理由（　　）聘任或解聘。

A. 职工大会　　　　　　　　　　　B. 监事会

C. 董事会　　　　　　　　　　　　D. 国有资产监督管理机构

[解析] 本题考点为国有独资公司经理机构的选任与解聘。国有独资公司的经理由董事会聘任或解聘。

答案：1. C　2. AD　3. C

考点6 监事会简介 ☆☆

一、监事会的性质

监事会是公司内部的监督机关,成员由股东机构(与职工)选举产生,主要任务是向股东机构负责,对公司的财务、董事和经理人员的职责行为进行监督。其中,主要监督对象是董事会和总经理。

二、监事会的监督形式

监事会的监督形式有:会计、业务监督;事前、事中、事后监督。

三、监事会的运行

(一)股份有限公司的监事会

1. 监事会成员人数及任期规定

(1)成员人数规定。我国《公司法》规定:股份有限公司必须设监事会,其成员不得少于3人。监事会应当包括股东代表和比例不得低于1/3的职工代表,职工代表的具体比例由公司章程规定。监事会主席和副主席由1/2以上的全体监事选举产生。高级管理者和董事不能兼任监事。

(2)监事会成员任期。每届任期3年,任期届满可以连任。

2. 监事会的议事规则

(1)监事会会议类型:定期会议和临时会议。每6个月至少召开一次定期会议,监事可以提议召开临时监事会议。

(2)议事方式和表决程序:由公司章程规定。

(3)会议决议方式:半数以上监事通过。

3. 监事会的职权

(1)检查公司财务。

(2)对董事和高级管理者进行监督,对违法的董事和高级管理者提出罢免的建议。

(3)当董事和高级管理者损害公司利益时,要求他们予以纠正;必要时还可以对董事和高级管理者提起诉讼。

(4)提议召开临时股东会议,向股东会议提出议案。

(5)公司规定的其他职权。

(二)有限责任公司的监事会

1. 监事会成员人数及任期规定

(1)成员人数规定。我国《公司法》规定:有限责任公司设立监事会,其成员不得少于3人。没有监事会的,可以设置1~2名监事。监事会应包括股东代表和职工代表(比例不得低于1/3),具体的比例由公司章程规定。高级管理者和董事不得兼任监事。

(2)任期。监事每届任期3年,任期届满可以连任。

2. 监事会的议事规则

(1) 每年至少召开一次，监事可提议召开临时监事会会议。

(2) 议事方式和表决程序：由公司章程规定。

(3) 会议决议方式：半数以上监事通过。

3. 监事会的职权

有限责任公司监事会的职权与股份有限公司监事会的职权相同。

(三) 国有独资公司的监事会

1. 监事会成员规定

我国《公司法》规定：国有独资公司的监事会成员人数不得少于5人。监事会成员包括两种类型：一是国有资产监督管理机构派出的专职监事；二是职工代表选举的监事，职工代表出任的监事是兼职监事。职工代表比例不得低于1/3，具体比例由公司章程决定。

2. 监事会设监事主席

国有资产监督管理机构需从监事会成员中指定监事会主席。

监事会主席的主要职责：①负责监事会的日常工作；②召集和主持监事会会议；③审定签署监事会的报告以及其他重要文件；④其他职责。

3. 监事会的职权

(1) 检查公司财务，向股东会会议提出提案。

(2) 对董事和高级管理者进行监督，对违法的董事和高级管理者提出罢免的建议；当董事和高级管理者损害公司利益时，要求他们予以纠正。

(3) 若发现公司经营情况异常，可以进行调查，必要时可聘请会计师事务所协助工作。

(4) 列席董事会会议，并对董事会的决议事项提出质疑或建议。

(5) 依照《公司法》的规定，对董事、高级管理者提起诉讼。

(6) 国务院和公司章程中规定的其他职权。

>> 典型例题

1. [单项选择题] 根据我国《公司法》，下列关于股份有限公司监事会的说法，错误的是（　　）。

A. 监事会成员不得少于3人

B. 监事会中职工代表比例不得少于1/3

C. 监事会主席由全体监事过半数选举产生

D. 监事会的监事任期届满不得连任

[解析] 本题考点为股份有限公司的监事会。A、B、C三项说法均正确。D项说法错误，监事任期届满，连选可以连任。

2. [单项选择题] 某公司要变更募集资本用途，监事会需要经过（　　）成员决议。

A. 1/3以上　　　　　　　　　　　B. 1/2以上

C. 2/3以上　　　　　　　　　　　D. 全体

[解析] 本题考点为监事会决议。监事会决议应经半数以上监事通过。

3. [单项选择题] 某国有独资公司拟改组监事会，确定监事会共有成员 9 人，根据我国《公司法》，该公司改组后监事会成员中职工代表不得少于（　　）人。

A. 3　　　　　　　　　　　　　　　B. 2

C. 1　　　　　　　　　　　　　　　D. 4

[解析] 本题考点为国有独资公司监督机构监事会的组成。监事会成员中，职工代表的比例不得低于1/3，根据题目信息，监事会共有成员9人，其1/3即3人，可知不得低于3人。

答案：1. D　2. B　3. A

考点7　中国特色国有独资公司的治理要求☆

一、国有独资公司遵循的现代企业发展规律

（1）政企分开、所有权和经营权相分离的发展规律。

（2）国有资产保值增值的发展规律。

（3）完善公司治理结构的发展规律。

（4）提高国有资产监督管理强度、透明度的发展规律。

二、国有独资公司党组织相关事项

（一）党组织的地位和作用

确定党组织在国有独资公司中的法定地位；发挥党组织在国有独资公司中的核心作用；实行"双向进入、交叉任职"的领导体制；发挥党组织在国有独资公司中的内部监督作用。

（二）党组织的工作原则

坚持党管干部、党管人才，培养高素质专业化公司领导人员队伍和人才队伍；坚持抓基层、打基础，突出党支部建设，增强基层党组织生机活力；坚持全心全意依靠工人阶级，体现公司职工群众主人翁地位，巩固党执政的阶级基础；加强党的领导和完善公司治理相统一，把党的领导融入公司治理各环节；坚持党建工作与生产经营深度融合，以公司改革发展成果检验党组织工作成效。

（三）必须经党组织讨论的事项

（1）企业产权转让、资产重组、大额投资和资本运作中的方向性和原则性问题。

（2）重要改革方案，企业发展战略、中长期发展规划。

（3）贯彻党中央决策部署和落实国家发展战略的重大举措。

（4）涉及企业职工权益、社会责任、安全生产、维护稳定等方面的重大事项。

（5）企业组织架构设置和调整，重要规章制度的制定和修改。

（6）其他应当由党委（党组）研究讨论的重要事项。

三、国有独资公司中出资人机构的职权

国有独资公司不设股东会，出资人机构依法行使股东会职权。

四、国有独资公司中董事会的要求

（一）董事会的组成

国有独资公司的董事长、总经理应均为内部执行董事，定期向董事会报告工作。外部董事人选由出资人机构按照法定程序任命。国有独资公司的企业法定代表人是该公司的董事长，董事长对公司改革发展承担首要责任。

（二）董事会成员队伍的建设

国有独资公司要建立健全外部董事制度，召集人由外部董事定期推荐选举产生。

（三）董事会的议事规则

国有独资公司董事会表决实行一人一票制度，平等充分发表意见，严格执行独立表决、集体审议、个人负责的决策制度。

（四）董事会的权责

国有独资公司的董事会对出资人机构负责，听从出资人机构的指挥。同时，董事会负责对经理层的选聘、薪酬决策，加强对经理层的监督和管理。在国有独资公司的运行中，要加强董事会的独立性，保护董事会的权威性，坚决执行董事会工作报告制度。

（五）专门委员会的建立

专门委员会包括提名委员会、薪酬与考核委员会、审计委员会等。其中，薪酬与考核委员会、审计委员会由外部董事组成。

五、国有独资公司中经理机构的要求

（1）建立经理机构授权管理制度。

（2）推行职业经理人制度。

（3）健全优进绌退的考评制度。

（4）实行与中国特色社会主义市场经济相适应的薪酬管理制度。

六、国有独资公司中监督机构的要求

国有独资公司的专职监督机构是监事会。监事会主要对公司董事会、经理层成员的职务行为进行监督。监事会不参与、不干预公司的经营管理活动。

国有独资公司实行政府外派监事会制度。外派监事会负责检查公司财务，监督公司重大决策和关键环节以及董事会、经理层履职情况。

国有独资公司民主管理体现在两个方面：①健全职工代表大会制度；②贯彻对重大事项信息公开和披露制度。

违约失信的相关人员按规定在"信用中国"网站公开。按照"三个区分开来"的要求，建立必要的改革容错纠错机制。

>> 典型例题

1. ［单项选择题］国有独资公司要健全以（　　）为基本形式的公司民主管理制度。

   A. 一股一票　　　　　　　　　　　　B. 一人一票

C. 监事会　　　　　　　　　　　　D. 职工代表大会

[解析] 本题考点为国有独资公司的监督机制。国有独资公司要健全以职工代表大会为基本形式的公司民主管理制度和公司重大事项信息公开与对外披露制度，故选 D 项。

2. [多项选择题] 国有独资公司必须经党组织研究讨论的事项包括（　　）。

A. 资产重组

B. 中长期发展规划

C. 企业发展战略

D. 党建工作与生产经营融合

E. 产权转让

[解析] 本题考点为国有独资公司必须经党组织研究讨论的事项。国有独资公司必须经党组织研究讨论的事项包括：①企业产权转让、资产重组、大额投资和资本运作中的方向性和原则性问题；②重要改革方案，企业发展战略、中长期发展规划；③贯彻党中央决策部署和落实国家发展战略的重大举措；④涉及企业职工权益、社会责任、安全生产、维护稳定等方面的重大事项；⑤企业组织架构设置和调整，重要规章制度的制定和修改；⑥其他应当由党委（党组）研究讨论的重要事项。

答案：1. D　2. ABCE

第三章

市场营销与品牌管理

大纲再现
1. 理解市场和市场营销，诠释市场营销观念，理解市场营销管理的任务。
2. 区分市场营销宏观环境和微观环境，分析市场营销环境。
3. 进行市场细分，选择目标市场，制定市场营销定位策略。
4. 选择市场营销组合策略。
5. 识别品牌和品牌资产，区分品牌战略类型，实施品牌战略。

大纲解读

本章历年考试分值在10分或者18分左右，常考题型包括单项选择题、多项选择题和案例分析题。

本章内容比较简单，最大的特点是与现实生活联系紧密。本章主要介绍了市场营销观念、市场营销环境、4P组合、品牌管理等内容。其中，单项选择题的考查形式以灵活运用型题目为主，需要重点理解相关知识点；多项选择题以记忆型题目为主，要求加强记忆，背诵相关知识点；案例分析题的考点主要集中在定价方法上，需要重点记忆定价方法的公式。总体来说，第三章难度不大。

知识脉络 ▶

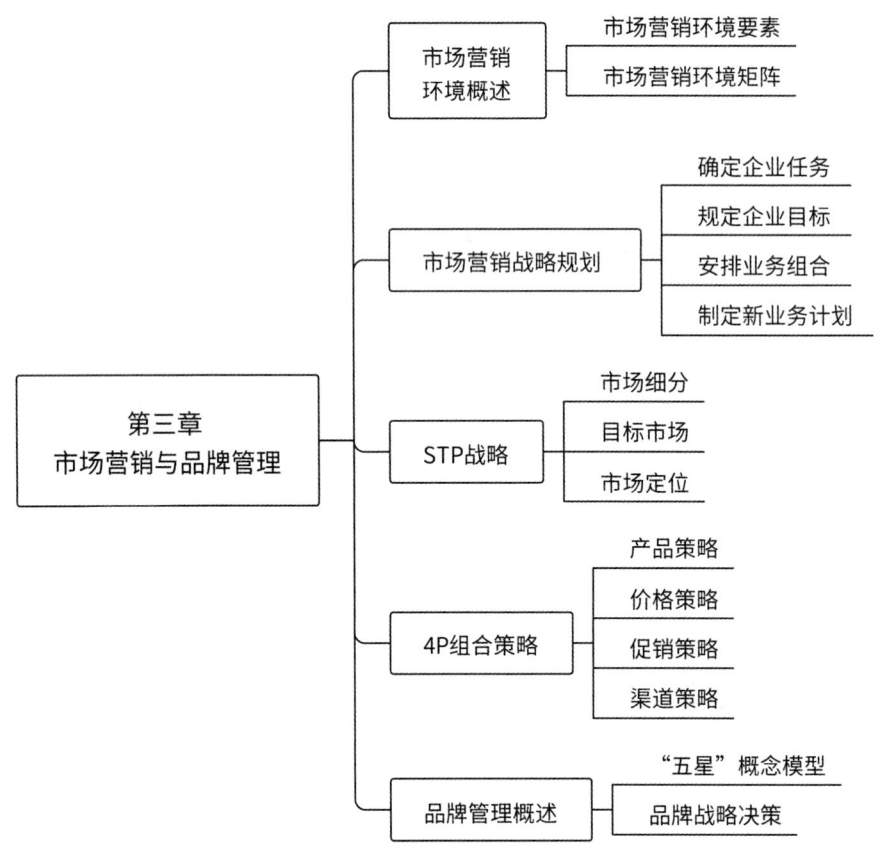

考点1 市场营销环境概述☆☆

一、市场营销环境要素

（1）微观环境六大要素包括顾客、公众、供应商、竞争者、营销渠道企业、企业自身因素。

（2）宏观环境六大要素包括政治法律环境、人口环境、自然环境、经济环境、技术环境、社会文化环境。

二、市场营销环境矩阵

（一）市场机会矩阵

企业对市场机会的评估从两个角度展开：一是出现市场机会的概率，二是潜在机会的吸引力。可用市场机会矩阵来分析，具体见图 3-1。

潜在机会的吸引力 \ 出现市场机会的概率	小	大
大	Ⅱ	Ⅰ
小	Ⅲ	Ⅳ

图 3-1 市场机会矩阵图

（1）第Ⅰ象限。该象限的特征是出现市场机会的概率很大，潜在机会的吸引力也大。企业应该抓住市场机会，采取积极的行动。

（2）第Ⅱ象限。该象限的特征是出现市场机会的概率小，潜在机会的吸引力很大。企业应时刻盯住机会的出现，一旦出现，会给企业带来大的潜在利益。

（3）第Ⅲ象限。该象限的特征是出现市场机会的概率小，潜在机会的吸引力也小。企业要密切观察，再根据环境变化采取对应的措施。

（4）第Ⅳ象限。该象限的特征是出现市场机会的概率大，潜在机会的吸引力小。企业要慎重选择，制定相应的措施。

（二）环境威胁矩阵

企业对环境威胁的评估从两个角度展开：一是出现环境威胁的概率，二是威胁对企业的影响程度。可用环境威胁矩阵来分析，具体见图 3-2。

威胁对企业的影响程度 \ 出现环境威胁的概率	小	大
高	Ⅱ	Ⅰ
低	Ⅲ	Ⅳ

图 3-2 环境威胁矩阵图

（1）第Ⅰ象限。该象限的特征是出现环境威胁概率大，威胁对企业影响程度也高。这说明企业遇到了严重的环境危机,企业应该提起重视,准备相应的措施。

(2) 第Ⅱ象限。该象限的特征是出现环境威胁概率小,但威胁一旦出现,对企业的影响程度较高。企业应制定对应的措施,力求避免损害。

(3) 第Ⅲ象限。该象限的特征是出现环境威胁概率小,威胁对企业的影响程度也低。企业应密切观察发展趋势,判断是否向其他象限发展。

(4) 第Ⅳ象限。该象限的特征是出现环境威胁概率大,但是威胁对企业的影响程度低。企业应该提起重视,准备相应的措施。

(三) 威胁—机会综合矩阵

威胁—机会综合矩阵见图 3-3。

	威胁程度低	威胁程度高
机会程度大	理想型业务	冒险型业务
机会程度小	成熟型业务	困难型业务

图 3-3 威胁—机会综合矩阵图

(1) 成熟型业务,即机会小、威胁低的业务。企业要为进入理想业务作准备。

(2) 困难型业务,即机会小、威胁高的业务。企业或者努力扭转局面,或者放弃。

(3) 理想型业务,即机会大、威胁低的业务。企业应该抓住机遇,切勿错失良机。

(4) 冒险型业务,即机会大、威胁高的业务。企业应当谨慎抉择,争取利益。

>> 典型例题

1. [多项选择题] 影响企业市场营销的微观环境包括(   )。

A. 人口规模　　　　　　　　　　B. 政治制度

C. 竞争者　　　　　　　　　　　D. 顾客

E. 营销渠道企业

[解析] 市场营销微观环境要素包括企业自身的各种因素、竞争者、营销渠道企业、顾客、供应商和公众。C、D、E 三项正确。A、B 两项错误,其内容属于市场营销宏观环境要素。

2. [单项选择题] 某企业通过市场环境分析发现,该企业的手机业务市场机会小,面临的威胁高,该企业的手机业务属于威胁—机会矩阵图中的(   )。

A. 理想业务　　　　　　　　　　B. 困难业务

C. 冒险业务　　　　　　　　　　D. 成熟业务

[解析] 本题考点为威胁—机会矩阵图。在威胁机会矩阵图中,困难业务的特点是机会小和威胁高。

答案:1. CDE　2. B

考点2　市场营销战略规划 ☆☆

一、确定企业任务

通常以企业任务书的形式来确定企业任务。

(1) 企业任务书的目标应是具体的、明确的、有限的。

(2) 企业任务书应是以市场为导向，而不是以产品为导向。

(3) 企业任务书要具有激励性。

(4) 企业任务书中，实施政策应具体，分工应明确。

二、规定企业目标

（一）制定企业目标的原则

企业制定目标要符合一定的原则，即层次性原则、可量化原则、现实性原则和协调性原则。

（二）企业常用的营销财务目标

(1) 销售增长率。其计算公式为：

$$销售增长率 = \frac{计划期销售额 - 基期销售额}{基期销售额} \times 100\%$$

(2) 投资收益率。其计算公式为：

$$投资收益率 = \frac{利润额}{投入资本总额} \times 100\%$$

(3) 市场占有率。

①绝对市场占有率。其计算公式为：

$$绝对市场占有率 = \frac{本企业销售额}{本行业销售总额} \times 100\%$$

②相对市场占有率。其计算公式为：

$$相对市场占有率 = \frac{本企业销售额}{最大竞争对手销售额} \times 100\%$$

$$相对市场占有率 = \frac{本企业销售额}{本行业前三名销售额的总和} \times 100\%$$

三、安排业务组合

评价企业战略业务单位的方法包括波士顿咨询集团法和通用电气公司法。通用电气公司法又称战略业务规划网络，它选用了业务力量和行业吸引力两个综合性指标，将企业各战略业务单位分成了三种类型，根据业务单位的不同特征，企业做出不同的投资决策。通用电气矩阵如图3-4所示。

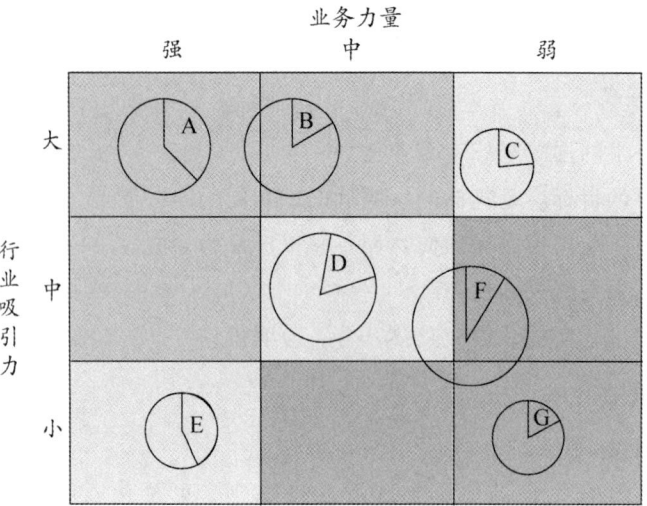

图 3-4 通用电气矩阵

资料来源：郭国庆，《市场营销学通论》（第四版），中国人民大学出版社，第 39 页。

注：通用电气矩阵图可分为以下三个地带：

（1）"绿色地带"，位于左上角，包括"大强、大中、中强"。对绿色地带的战略业务单位（图中 A、B），要开"绿灯"，采取增加投资和发展增大的战略。

（2）"黄色地带"，位于左下角到右上角的对角线，包括"小强、中中、大弱"。对黄色地带的战略业务单位（图中 C、D、E），要"开黄灯"，采取维持原来投资水平的市场占有率的战略。

（3）"红色地带"，位于右下角，包括"小弱、小中、中弱"。对红色地带的战略业务单位（图中 F、G），要"开红灯"，采取收割或放弃的战略。

四、制定新业务计划

企业制定新业务计划可采用密集增长战略、一体化增长战略和多元化增长战略。

> **典型例题**

1.[多项选择题] 根据通用电气矩阵法，对红色地带的业务单位，企业应该采取（　　）战略。

A. 收割　　　　　　B. 发展增大　　　　　C. 增加投资　　　　　D. 维持

E. 放弃

[解析] 本题考点为通用电气矩阵法。"红色地带"位于右下角，对红色地带的战略业务，单位要"开红灯"，采取收割或放弃的战略。故选 A、E 项。

2.[单项选择题] 通用电气公司法中，"小强"应采取（　　）策略。

A. 维持　　　　　　B. 放弃　　　　　　　C. 增加　　　　　　　D. 收割

[解析] 本题考点为通用电气矩阵。从左下角到右上角的对角线地带，又称"黄色地带"。这个地带的三个小格是"小强""中中""大弱"。这个地带的行业吸引力和战略业务单位的业务力量居于一般水平。因此，企业对这个地带的战略业务单位要"开黄灯"，采取维持原来投资水平的市场占有率的战略。

3. [多项选择题] 企业采用通用电气公司法对企业各战略业务单位进行评价，下列说法正确的有（　　）。

A. 业务力量强，行业吸引力大的，增加投资
B. 业务力量弱，行业吸引力大的，维持原有
C. 业务力量强，行业吸引力小的，放弃投资
D. 业务力量中，行业吸引力小的，增加投资
E. 业务力量弱，行业吸引力小的，放弃投资

[解析] 本题考点为通用电气矩阵。A项属于"大强"，应该采取投资战略，故正确。B项属于"大弱"，应该采取维持原有投资战略，故正确。C项属于"小强"，采取维持原有投资战略，故错误。D项属于"小中"，应该采取收割或放弃战略，故错误。E项属于"小弱"，应该采取放弃投资，故正确。

答案：1. AE　2. A　3. ABE

考点3　STP战略☆☆

STP战略中的S、T、P三个字母分别是segmenting、targeting、positioning三个英文单词的缩写。STP战略包括市场细分、目标市场和市场定位三部分内容。

一、市场细分

（一）市场细分定义

市场细分是指企业根据某个或某几个细分标准，把一个整体市场划分为若干个不同的子市场的过程。

（二）市场细分标准

（1）心理标准，包括个性、购买动机、价值取向、对商品价格的灵敏度反应、对服务方式和商品的偏爱、感受等。

（2）行为标准，包括忠诚程度、使用频率、待购阶段和态度、购买时机、追求的利益、使用者状况等。

（3）地理标准，包括农村、面积、气候、地形、国家、地区、城市、交通条件、城镇规划、通信条件等。

（4）人口标准，包括宗教、文化、收入、民族、性别、家庭户数、人口总数、家庭生命周期、国籍、职业、年龄、人口密度等。

二、目标市场

目标市场是指企业进行市场细分后，选择和打算服务的某一个或者某几个细分市场。

（一）目标市场模式

1. 全面进入

全面进入即企业进入所有细分市场，为所有顾客提供系列产品。

2. 选择性进入

选择性进入即企业选择性地进入不同的细分市场，为不同顾客提供不同的产品。

3. 市场或产品集中化进入

市场或产品集中化进入是指企业只生产一种标准化产品，来服务某一顾客群体。

4. 产品专业化进入

产品专业化进入即企业向所有顾客供应某一大类产品。

5. 市场专业化进入

市场专业化进入即企业向同一顾客群体提供性能不同的产品。

（二）目标市场的战略

1. 集中性营销战略

企业在选定的一个或几个细分市场实行专业化经营，制定相应的营销组合策略，把企业有限的资源集中在这一个或者几个细分市场中。

2. 无差异营销战略

企业忽略消费者需求的差异性，把整体消费者市场看成一个目标市场，只向消费者销售单一品种的商品，设计一种营销组合策略。

3. 差异性营销战略

企业针对不同需求的子市场特点，设计和生产不同产品，采用不同的营销组合方式，分别满足不同需求。

三、市场定位

市场定位是指根据产品或服务的特征或属性，塑造出本企业和竞争对手不同的个性或形象，并把这种个性或形象通过营销手段传递给消费者，从而使该产品在目标消费群体中确定合适的位置。

1. 根据属性与利益定位

产品自身的"属性"和带来的"利益"能使消费者体会到它的定位。例如某超市的"天天平价"定位。

2. 根据使用者定位

企业通过市场细分后，确定了目标消费群体，根据消费群体的特征进行定位。例如飞鹤奶粉"专门为中国宝宝设计"。

3. 根据竞争者的情况定位

根据竞争对手的薄弱点进行定位，或者企业另辟蹊径进行定位。例如可口可乐定位为"经典的可乐"，百事可乐定位为"年轻人的可乐"。

4. 根据价格定位

"一分价钱一分货"体现了价格定位。例如平价蔬菜和有机蔬菜的定价。

5. 组合定位

企业运用多种定位方法进行组合定位。例如某洗发水的定位，中药世家加保密配方防脱（属性与利益定位），价格实惠容量超大（价格定位），适宜有脱发困扰的人（使用者定位)。

> 典型例题

1. [单项选择题] 某公司将客户细分为忠诚客户和一般客户,这种细分属于( )。

A. 地理细分 B. 行为细分
C. 人口细分 D. 收入细分

[解析] 本题考点为市场细分的标准。行为变量包括"忠诚程度",而将客户细分为忠诚客户和一般客户,即按忠诚程度进行的细分。

2. [多项选择题] 下列市场细分变量中,属于心理变量的有( )。

A. 个性 B. 购买动机
C. 使用频率 D. 购买时机
E. 价值取向

[解析] 本题考点为心理变量的具体内容。心理变量包括个性、购买动机、价值取向、对商品和服务方式的感受及偏爱、对商品价格反应的灵敏度等。C、D两项属于行为变量的因素。

3. [单项选择题] 某服装厂按年龄把消费者分为老年人、中年人和儿童,针对每类消费者设计和生产不同的服装满足其需求,则该企业采用的目标市场策略是( )。

A. 无差异营销策略
B. 差异性营销策略
C. 集中性营销策略
D. 进攻型营销策略

[解析] 本题考点为目标市场营销策略的类型。差异性营销策略是针对不同的子市场的需求特点,设计和生产不同产品,并采用不同的营销组合。该服装厂把目标市场按年龄进行分类,并且设计和生产不同的服装满足其需求的策略属于差异性营销策略。

4. [单项选择题] 某企业把整个市场看成一个目标市场,只向市场投放一种产品,通过大规模分销和大众化广告推销产品。这种目标市场策略属于( )。

A. 无差异营销策略
B. 集中性营销策略
C. 差异性营销策略
D. 市场组合营销策略

[解析] 本题考点为无差异营销策略的概念。无差异营销策略是指企业忽略消费者需求的差异性,把整体消费者市场看成一个目标市场,只向消费者销售单一品种的商品,设计一种营销组合策略。根据题目信息可知,A项符合本题所述。

5. [单项选择题] 从市场定位的方法来看,某牙膏定位为"清新口气",属于( )。

A. 根据属性与利益定位
B. 根据使用者定位
C. 根据竞争者的情况定位

D. 组合定位

[解析] 本题考点为市场定位。根据属性与利益定位，是指根据产品本身的"属性"以及由此而获得的"利益"能使消费者体会到它的定位，故本题选 A 项。

答案：1. B　2. ABE　3. B　4. A　5. A

考点4　4P 组合策略 ☆☆☆

4P 组合策略即营销组合策略，包括产品策略（product）、价格策略（price）、促销策略（promotion）、渠道策略（place）。

一、产品策略

（一）产品组合策略

1. 产品组合的四个维度

（1）产品组合的深度，指产品线中某一条产品线有多少品种、规格等。

（2）产品组合的关联度，指企业的各条产品线在生产、分销、售后等方面的相关程度。

（3）产品组合的宽度，指企业不同产品线的数量之和。

（4）产品组合的长度，指企业中所包含的产品项目数量的总和。

2. 产品组合方式

产品组合方式包括产品线现代化策略、扩大产品组合策略、缩减产品组合策略、产品线延伸策略。

（二）产品包装

1. 包装的层次

（1）首要包装，即对产品直接接触的包装。

（2）次要包装，即为了保护"首要包装"的二次包装。

（3）装运包装，即为了储存和运输的集合包装。

2. 企业常用的包装策略

（1）分量包装策略。企业将产品按照消费者需要的不同数量或重量进行包装。例如超市里的 5kg 装的大米、10kg 装的大米、25kg 装的大米。

（2）个别包装策略。企业的各种产品在设计上采用完全不同的风格。

（3）相关包装策略。同一包装物内装有多种相关的产品一起出售。例如化妆品套装、服装套装、首饰套装。

（4）分等级包装策略。企业根据产品的不同质量等级，设计、使用与之对应的不同等级的包装。例如巧克力分为纸质包装、金属盒包装。

（5）相似包装策略。企业生产的不同品种的产品，在包装上尽量采用相似的设计，例如相似的图案、颜色。

（6）改变包装策略。当某种产品的包装使消费者产生倦怠感时，企业可以采用新的包装设计、包装材料。

（7）复用包装策略或双重用途包装策略。原包装的产品使用完后，包装物本身还可作其他用途。例如盛放饼干的金属盒子，可以收纳物品。

（8）附赠品包装策略。企业在产品包装里面附赠一些物品，例如奖券、代金券、小量包装实物等。

（三）新产品开发策略

1. 新产品类型

（1）全新产品，即运用全新技术、全新材料生产出来的以前从来没有的产品。例如尼龙产品的问世。

（2）换代产品，即采用了新技术、新材料或新工艺生产出来的产品，一般与原有产品差别较大。例如数字电视取代模拟信号电视。

（3）改进产品，即通过改善原有产品部分性能、质量、结构、造型而生产出来的与原有产品差别较小的产品。例如双卡双待手机。

2. 新产品开发策略

按照不同分类标准，新产品开发策略可以分为不同类型，具体内容见表3-1。

表3-1 新产品开发策略分类

分类标准	开发策略
按照开发新产品的方式不同	自主开发、协约开发、联合研制
按照新产品革新程度不同	创新策略、模仿策略
按照开发时机的不同	抢先策略、跟进策略

二、价格策略

（一）影响因素

影响因素包括成本、市场需求、市场竞争。

（二）定价目标

定价目标包括短期利润最大化、维持企业生存、市场占有率最大化、维护企业和产品形象。

（三）定价方法

1. 需求导向定价法

需求导向定价法是以消费者的不同需求来进行定价的方法。需求导向定价法包括需求差别定价法和认知价值定价法。

2. 竞争导向定价法

竞争导向定价法是以竞争对手的价格为基础来进行定价的方法。竞争导向定价法包括竞争价格定价法、随行就市定价法、密封投标定价法。

3. 成本导向定价法

成本导向定价法是以企业生产产品的成本为基础的定价方法，包括两种方法：

（1）目标利润定价法。其计算公式为：

$$目标价格 = (总成本 + 目标利润) \div 总销量$$
$$目标利润 = 投资额 \times 投资收益率$$

(2) 成本加成定价法。其计算公式为：
$$单位成本 = 单位可变成本 + 固定成本 \div 销售量$$
$$产品价格 = 单位产品成本 \times (1 + 加成率)$$

（四）价格具体策略

1. 产品组合价格策略

(1) 备选产品定价。例如顾客购买手机时，可以选购手机保护壳、手机贴膜等产品。

(2) 产品线定价。例如鞋店经营三种跑步鞋，价格分别是 380 元、980 元、2 180 元。

(3) 副产品定价。例如鸡爪子、鸭脖子等肉类产品，聚酯纤维、硅油等化工产品。

(4) 附属产品定价。例如电脑硬件和软件，老式照相机和胶片。

(5) 产品束定价。例如游乐场的通票和电影院的年票比单独购买的票的总价便宜。

2. 新产品价格策略

(1) 温和定价。新产品定价水平不是最高，也不是最低，而是采用适中的策略。

(2) 市场渗透定价。新产品定价水平采用比较低的价格策略，即低价策略。

(3) 撇脂定价。新产品定价水平偏高，如同从牛奶中撇取奶油一样，即高价策略。

三、促销策略

（一）促销组合

促销组合也称营销沟通组合，是指企业把广告、销售促进、公共关系、人员推销和直复营销有机地组合在一起，达到提高企业销售量和提升企业形象的目的的策略。

1. 广告

广告是指企业以付费的方式，通过媒体向目标市场宣传企业产品或服务，让消费者产生购买兴趣的方式。

2. 销售促进

销售促进是指企业为了对消费者迅速产生激励作用而采取的促销措施。销售促进方式包括特价包、有奖销售、商店陈列、免费赠送、折价券、现场表演等。

3. 公共关系

公共关系是指面对社会公众，企业为了树立良好形象而进行的各种活动，包括企业外部公众和企业内部公众两部分。

4. 人员推销

人员推销是指由企业派出推销人员或委派专职推销机构向目标顾客销售商品的活动。这是一种高成本的促销方式。

5. 直复营销

直复营销是指企业直接与目标顾客接触，不通过中间商进行销售的活动，主要包括直邮营销、电话营销、电视营销、网络营销。

（二）促销组合策略类型

（1）推动策略，即生产商将产品推销给批发商，再由批发商推销给零售商，最后再由零售商推销给消费者，主要运用人员推销和销售促进的手段。

（2）拉引策略，即生产商利用广告和公共关系手段直接向消费者推销产品及企业，引导消费者来购买。

四、渠道策略

详细内容见第四章。

> **典型例题**

1.[单项选择题] 某企业共生产 2 款洗衣机、4 款电冰箱和 5 款空调，则该企业产品组合的长度为（　　）。

A. 2　　　　　　B. 3　　　　　　C. 4　　　　　　D. 11

[解析] 本题考点为产品组合的长度。产品组合的长度是指产品项目的总数。根据题目信息，该企业产品组合的长度＝2＋4＋5＝11。

2.[多项选择题] 下列产品定价方法中，属于竞争导向定价法的有（　　）。

A. 竞争价格定价法　　　　　　B. 随行就市定价法
C. 认知价值定价法　　　　　　D. 盈亏平衡定价法
E. 密封投标定价法

[解析] 本题考点为竞争导向定价法的类型。竞争导向定价法包括三种：竞争价格定价法、随行就市定价法、密封投标定价法。

3.[单项选择题] 经核算得知某产品的单位产品成本为 62 元，企业希望该产品的目标利润率达到 20%，则该产品的单位价格应是（　　）元。

A. 74.4　　　　　　　　　　　B. 76.2
C. 77.2　　　　　　　　　　　D. 78.1

[解析] 本题考点为成本加成定价法。根据公式，产品价格＝单位产品成本×（1＋加成率）＝62×（1＋20%）＝74.4（元）。

4.[单项选择题] 某小型游乐场共有 5 个游乐项目，项目的票价分别为 30 元、40 元、30 元、50 元、50 元，通票定价为 120 元。这种产品组合定价策略为（　　）。

A. 产品线定价　　　　　　　　B. 备选产品定价
C. 产品束定价　　　　　　　　D. 副产品定价

[解析] 本题考点为产品束定价。产品束定价即企业将几种产品组合在一起，进行低价销售。根据题目信息"通票定价为 120 元"，可知比原有 5 个项目分别购买的总价便宜，符合产品束定价的概念。

5.[单项选择题] 某企业在其新产品上市时，将价格定得很高，以求尽可能地在短期内获得高额利润，这种新产品定价策略属于（　　）。

A. 分档定价策略　　　　　　　B. 撇脂定价策略

C. 温和定价策略　　　　　　　　D. 渗透定价策略

[解析] 本题考点为撇脂定价策略。根据题目信息"将价格定得很高",可知为撇脂定价策略。

6. [单项选择题] 生产商利用广告和公共关系手段,极力向消费者介绍产品,使他们产生兴趣,吸引诱导他们来购买。这类促销组合策略是( )。

A. 推动策略　　　　　　　　　　B. 拉引策略

C. 销售促进　　　　　　　　　　D. 人员推销

[解析] 本题考点为拉引策略。拉引策略即生产商利用广告和公共关系,极力向消费者介绍产品,吸引消费者的兴趣。

答案:1.D　2.ABE　3.A　4.C　5.B　6.B

考点5　品牌管理概述 ☆☆

一、"五星"概念模型

1991年,大卫·艾克提出了"五星"概念模型,认为品牌资产包括五部分,分别为感知质量、品牌知名度、品牌联想度、品牌忠诚度、品牌其他资产。

(1) 感知质量,指消费者对某一品牌在产品质量和服务质量的整体印象。

(2) 品牌知名度,指消费者对该品牌的记忆深刻的程度。包括顶端知名度、未提示知名度、提示知名度、无提示知名度四个阶段。

(3) 品牌联想度,是一种人格化的描述,指消费者看到某一个品牌能够产生的所有联想,包括品牌的产品特征、相对价格、产品用途、竞争对手和所在国家五种类型。

(4) 品牌忠诚度,指消费者对某个品牌有多次有意购买该品牌的行为,是品牌资产的核心。从低级到高级,品牌忠诚度可以分为无忠诚购买者、习惯购买者、满意购买者、情感购买者和承诺购买者五个级别。

(5) 品牌其他资产,指品牌的专利、商标等知识产权。

二、品牌战略决策

(一) 品牌有无决策

企业使用品牌,有利于提高顾客忠诚度,能提高与中间商谈判能力,能够获得品牌增值,得到法律保护等。企业无品牌,有利于节省品牌设计宣传费用、广告费用,可以降低价格,扩大销售量。

(二) 品牌持有决策

(1) 制造商品牌,又称全国性品牌,指使用属于本企业自主的品牌,例如海尔、格力、华为等。

(2) 中间商品牌,又称私人品牌或者商店品牌,例如沃尔玛超市、万达商场等品牌。

(3) 制造商品牌加中间商品牌合用,例如京客隆超市,既有制造商品牌产品,也有京客隆品牌产品。

(三) 品牌质量决策

品牌质量是指反映产品质量和服务质量的总和,包括服务的可靠性、产品的耐用性和精确性等。

(四) 品牌延伸决策

品牌延伸决策是指企业把已经成名的品牌名称、品牌设计、品牌内涵等延伸到不同规格、不同包装和不同样式的新产品上。

(五) 多品牌决策

多品牌决策是指企业决定同时使用两种或两种以上相互竞争的品牌。

(六) 品牌重新定位决策

品牌重新定位决策是指当消费者偏好发生转移或者企业品牌不符合目标市场的需求时,需要企业进行重新定位的决策。

(七) 家族品牌决策

家族品牌决策是指企业不同种类、不同规格、不同质量的产品选择统一品牌名称或不同品牌名称,具体包括以下四种策略:

(1) 统一品牌策略,即企业针对所有的产品同时使用同一个品牌。例如三星洗衣机、电视机、空调等。

(2) 个别品牌策略,即企业对各种不同的产品分别使用不同的品牌。例如上海家化集团的六神花露水、启初婴幼儿产品、玉泽皮肤修护品、佰草集化妆品等。

(3) 分类家族品牌策略,即企业对同种产品的不同类型的产品分别使用不同的品牌。例如森马集团的儿童服装品牌为"巴拉巴拉",青年人服装品牌为"森马"。

(4) 企业名称与个别品牌并用策略,即企业名称加上品牌名称。例如格力汉白玉、格力金贝、格力玫瑰。

》 典型例题

1. [多项选择题] 在大卫·艾克提出的品牌资产的"五星"概念模型中,品牌资产包括( )。

A. 品牌忠诚度 B. 品牌满意度
C. 感知质量 D. 品牌联想度
E. 品牌整合度

[解析] 本题考点为品牌资产的"五星"概念模型。在"五星"概念模型中,品牌资产包括品牌知名度、感知质量、品牌联想度、品牌忠诚度和品牌其他资产。

2. [单项选择题] 品牌忠诚度最高级别的购买者是( )。

A. 习惯购买者 B. 承诺购买者
C. 满意购买者 D. 情感购买者

[解析] 本题考点为品牌忠诚度。承诺购买者是品牌忠诚度的最高级别。消费者不仅会无

条件地购买这类品牌，而且对该品牌有着强烈的情感认同，甚至引以为傲。

3．[多项选择题] 品牌联想度主要包括的类型有（　　）。

A．产品特征　　　　　　　　　　B．相对价格

C．产品用途　　　　　　　　　　D．竞争对手

E．原材料

[解析] 本题考点为品牌联想度。品牌联想度是一种人格化的描述，指消费者看到某一个品牌能够产生的所有联想，包括品牌的产品特征、相对价格、产品用途、竞争对手和所在国家五种类型。

4．[案例分析题] 某服装企业专门生产经营男士服装，其产品分为春秋装系列、夏装系列和冬装系列类型，分别使用"星辉""星耀""星光"品牌。该企业进军儿童市场，决定开发一款男童夏装，经测算，生产该款男童夏装的投资额为1 000万元，年固定成本为500万元，年变动成本为300万元，预计年销售量为10万件，预期年投资收益率为20%。男童夏装开发成功后，该企业又迅速开发了男童春秋装和冬装。为进一步扩大销量，该企业开展了一系列促销活动，通过电视网络等媒介实施付费宣传，冠名赞助儿童电视节目等。

（1）该企业采用的目标市场模式为（　　）。

A．产品—市场集中化　　　　　　B．全面进入

C．选择性专业化　　　　　　　　D．产品专业化

[解析] 本题考点为目标市场模式。选择性专业化是指企业有选择地进入几个不同的细分市场，为不同顾客群提供不同性能的产品。例如，某服装企业既为老年顾客提供春季、冬季的服装，也为儿童顾客提供春季、秋季的服装。本题中，该企业原来是生产男装的四季装，现在进军童装的四季服装，采用的是选择性专业化目标市场模式。

（2）该企业采用的家族品牌战略为（　　）。

A．个别品牌策略

B．统一品牌策略

C．企业名称与个别品牌并用策略

D．分类家族品牌策略

[解析] 本题考点为家族品牌战略。分类家族品牌策略，即企业对不同类型的产品分别使用不同的品牌。如森达集团将高档男鞋的品牌定为"法雷诺"，而将工薪族男女鞋的品牌定为"好人缘"。本题对男装系列分别使用不同的品牌，属于该种情形。

（3）根据目标利润法，该企业男童夏装的目标价格为（　　）元。

A．80　　　　　　　　　　　　　B．50

C．100　　　　　　　　　　　　 D．30

[解析] 本题考点为目标价格公式。根据公式，目标价格＝（总成本＋目标利润）/总销量，目标利润＝投资额×投资收益率，可得，目标利润＝1 000×20%＝200（万元），目标价格＝[（500＋300）＋200]÷10＝100（元）。

（4）该企业采用的促销方法为（　　）。

A. 直复营销　　　　　　　　　　B. 人员推销

C. 公共关系　　　　　　　　　　D. 广告

[解析] 本题考点为促销方法。广告是指广告主以付费的方式，有计划地通过媒体向所选定的消费对象宣传有关商品或服务的优点和特色，引起消费者注意，说服消费者购买使用的促销方式。本题通过电视网络等媒介实施付费宣传符合这一情形。公共关系是指企业方取得社会、公众的了解与信赖，树立企业及产品的良好形象而进行的各种活动，冠名赞助儿童电视节目属于该种情形。

答案：1. ACD　2. B　3. ABCD　4. C　D　C　CD

第四章

分销渠道管理

📖 **大纲再现**

1. 理解分销渠道管理目标与任务，辨别消费品、工业品、服务产品分销渠道的构建。
2. 了解渠道成员的激励，辨别渠道权力的来源，合理运用渠道权力，了解渠道冲突分类和产生原因，合理处理渠道冲突，理解渠道差距的产生。
3. 选择恰当的指标实施分销渠道系统评估。
4. 了解分销渠道的发展趋势，熟悉渠道扁平化和渠道战略联盟。

大纲解读 ✏️

　　本章内容比较简单，主要涉及渠道管理、渠道成员的激励、渠道权力、渠道冲突、渠道评估和渠道新发展趋势等内容。本章的学习方法以记忆为主，属于比较容易拿分的章节。

知识脉络 ▶

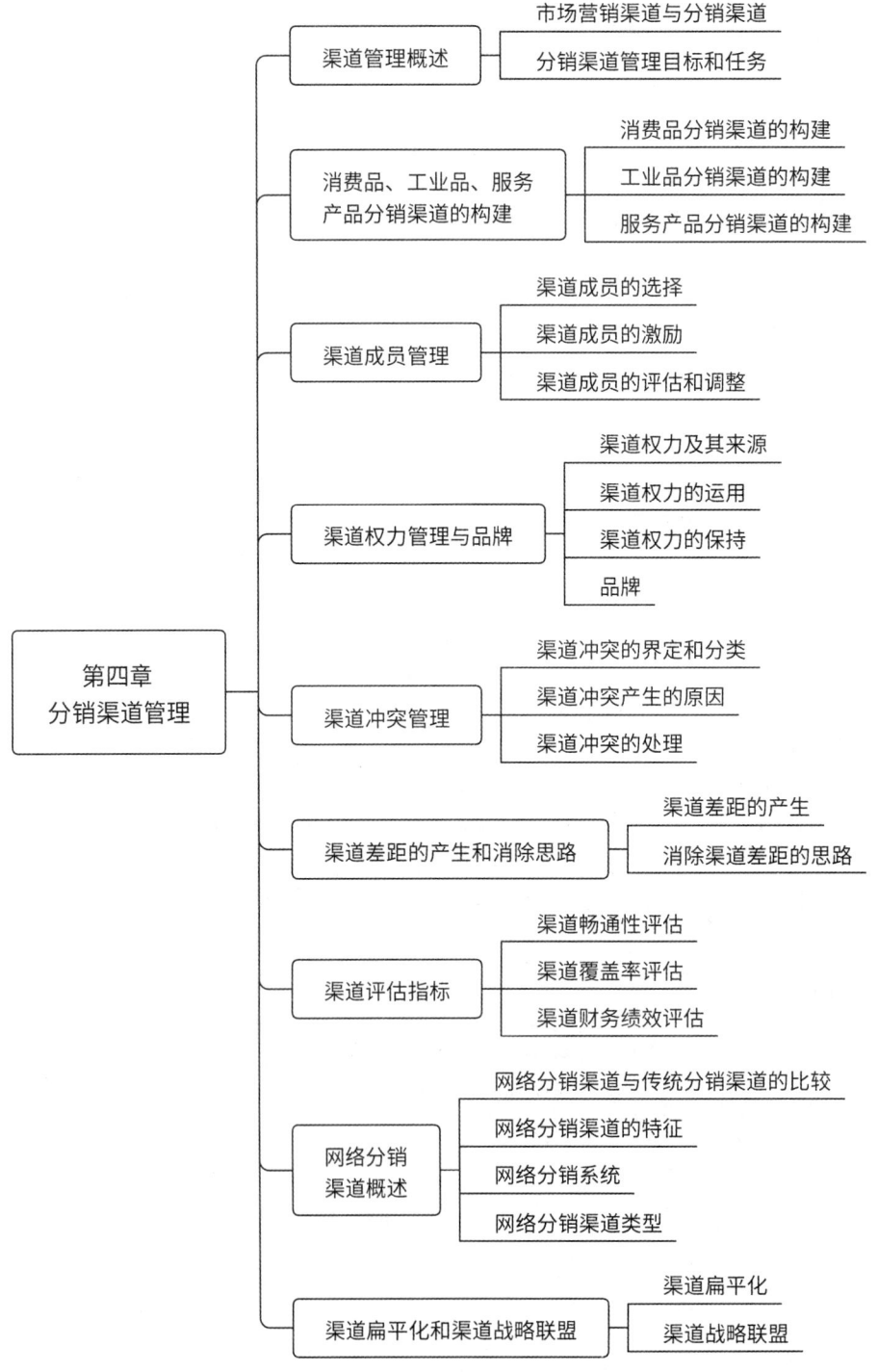

考点1　渠道管理概述 ☆

一、市场营销渠道与分销渠道

（一）市场营销渠道

市场营销渠道是指配合企业生产、分销和消费某一产品和服务的所有企业和个人，主要包括供应商、生产商、中间商、辅助商和消费者。

（二）分销渠道

分销渠道是指商品从生产者向消费者转移的过程中，取得这种商品的所有权或帮助所有权转移的所有企业和个人，包括生产者、中间商（批发商、零售商、代理商）和最终消费者。

二、分销渠道管理目标和任务

（一）分销渠道管理目标

（1）销售增长额，反映企业发展状况的基本指标。它在一定程度上反映了分销效果与以往同期相比增长的情况。

（2）利润额，反映指企业的分销活动能给企业带来的利润数量。利润额的多少反映了企业经营状况的好坏。

（3）市场占有率，反映一定时期内，企业商品在市场上的份额。它是一项反映企业营销能力的指标。

（二）分销渠道管理任务

（1）提出并制定分销目标。
（2）监测分销效率。
（3）协调渠道成员关系，解决渠道冲突。
（4）促进商品销售。
（5）修改和重建分销渠道。

》典型例题

1.［多项选择题］下列属于分销渠道成员的有（　　）。

A. 生产者　　　　B. 中间商　　　　C. 广告代理机构　　　　D. 最终消费者

E. 金融机构

［解析］本题考点为渠道管理概述。分销渠道包括生产者、中间商和最终消费者，故A、B、D三项正确。C、E两项均属于市场营销渠道。

2.［多项选择题］分销渠道管理的任务有（　　）。

A. 解决渠道冲突　　　　　　　　　B. 制定分销目标

C. 建设分销渠道　　　　　　　　　D. 确保利润额

E. 监测分销效率

［解析］本题考点为分销渠道管理的任务。分销渠道管理是指根据分销渠道的基本职能和性质开展的活动。其主要任务有：①提出并制定分销目标；②监测分销效率；③协调渠道成员

关系，解决渠道冲突；④促进商品销售；⑤修改和重建分销渠道。

3. [多项选择题] 分销渠道管理目标反映企业经济实力和市场竞争力，包括（　　）。

A. 市场占有率　　　　　　　　　　B. 监测分销效率

C. 解决渠道冲突　　　　　　　　　D. 利润额

E. 销售增长额

[解析] 本题考点为分销渠道管理目标。分销渠道管理目标包括销售增长额、利润额、市场占有率。

答案：1. ABD　2. ABE　3. ADE

考点2　消费品、工业品、服务产品分销渠道的构建 ☆☆☆

一、消费品分销渠道的构建

（一）消费品及分类

消费品是指消费者个人或家庭使用的产品。按消费者购买习惯不同，可以把消费品分为便利品、选购品、特殊品和非渴求品四种类型。

（1）便利品，指消费者购买频繁，不愿花时间和精力比较品牌、价格，希望随时随地能买的产品。

①日用品，指那些价格低、经常使用和购买的产品，如食盐、方便面、洗涤用品、饮料等。

②冲动购买品，指消费者在视觉、嗅觉、听觉等感觉器官受到刺激的情况下临时决定购买的产品，如玩具、水果等。

③应急物品，指消费者在紧急需要的情况下所购买的产品或服务，如急诊药品、应急雨伞等。

（2）选购品，指消费者对产品或服务的价格、质量、款式、耐用性等进行比较之后才会购买的产品，如家用电器、服装、美容美发产品等。

（3）非渴求品，指那些消费者不知道或虽然知道但一般情况下不会主动购买的产品。传统的非渴求品有人寿保险、工艺类陶瓷以及百科全书等。那些刚上市、消费者从未了解的新产品也可归为非渴求品。

（4）特殊品，指需要消费者付出特殊努力才能获得的产品，如付出较长的时间、较多的货币成本等。

（二）常见的消费品分销渠道模式

（1）厂家直供模式，指生产厂家直接将商品供应给终端渠道进行销售的渠道模式。

（2）多家经销（代理）模式，指生产厂家在建立渠道时选择多家经销商（代理商），通过建立庞大的销售网络实现分销目标。

（3）独家经销（代理）模式，指生产厂家在一定时期内，在某个地区只选择一家经销商（代理商），由该经销商（代理商）建立分销渠道系统的模式。

（4）平台式销售模式，指生产厂家以商品的分装厂为核心，由分装厂建立经营部，负责向各个零售终端供应商品。该模式适用于消费密集、交通便利的大城市市场。

二、工业品分销渠道的构建

(一) 工业品市场及其特点

(1) 工业品，指购买者以社会再生产为目的而购买的产品。通常按工业品进入生产过程的方式及其与商品成本的关系，将其分为原材料和零部件、固定资产、供应品和劳务。

(2) 工业品市场，又称生产资料市场。工业品市场是为人们的生产服务的，它提供的商品是生产资料，工业品市场由农业、林业、渔业、制造业、采矿业、建筑业、通信业、运输业、金融业、服务业等行业市场组成。其特点主要包括以下五点：

①需求的派生性。工业品市场购买者对产品的需求，归根结底是由消费者对消费品的需求引申出来的。

②需求弹性小。工业品市场购买者对产品和劳务的需求受价格影响不大，即价格上涨，不会引发需求大幅度下降；反之，价格下降，也不会引发需求大幅度上升。

③专业采购。工业品市场购买活动由专业人员或者专业采购团队完成。

④一次购买量大。相对于消费品市场的购买，工业品市场一次采购量大。

⑤顾客集中稳定。该特点由工业品市场构成人员的特点决定。

(二) 工业品分销渠道设计

鉴于工业品市场的特点，工业品分销渠道以具有服务功能的短渠道为主。

三、服务产品分销渠道的构建

(一) 服务产品的特征及分类

1. 服务产品特征

(1) 无形性。服务产品的特质及组成的元素往往是无形无质的，甚至使用服务产品后的利益也很难被察觉。

(2) 不可分离性。一般情况下，服务产品的生产与消费过程是同时进行的，在服务人员向顾客提供服务产品的同时，顾客也完成了对服务产品的消费，两者在时间上不可分离。

(3) 不可储存性。服务产品的无形性以及生产与消费同时进行的特性，使得服务产品不可能像有形的消费品和产业用品一样能够被储存起来。

(4) 差异性。服务产品的构成成分及其质量水平经常变化，很难统一界定。与有形产品质量的一致性、标准化和稳定性不同，服务产品的提供一般缺乏标准的操作规程。

(5) 所有权的不可转让性。服务产品生产消费过程中不涉及任何有形产品所有权的转移，这一特性更易使消费者产生风险意识。会员制是服务企业维系顾客关系的常用手段。

2. 服务产品分类

按照服务对象、服务特征两方面的不同，可将服务产品分为四类：

(1) 人体处理，即针对人身体的服务，例如客运、医疗、美容、餐饮、手术等。

(2) 物体处理，即针对物体的服务，对象必须在场，顾客本人不必在场。例如货运、维修、零售、加油、保管等。

(3) 脑刺激处理，即针对思想意识的服务，顾客意识必须在场，现场或远程均可。例如娱乐、艺术、广播、电视、广告、咨询、教育、宗教、心理治疗、音乐会等。

(4) 信息处理，即针对无形资产的服务，不一定要求顾客直接参与，服务在现场或异地均可提供。例如会计服务、银行服务、法律服务、程序编写、科学研究、证券投资等。

（二）服务产品常用的分销渠道模式

(1) 直接分销模式。医疗机构、会计师事务所等提供服务的单位常采用这种模式，其根本原因在于服务产品的不可分离性。

(2) 中介机构组建的分销渠道。

①代理商，主要应用在旅游、运输、信用、工商服务业等行业。

②经纪人，专门执行或提供某种服务，再以特许权的方式销售该服务，如保险经纪人。

③批发商，专指以大批量方式提供服务的中间商。

④零售商，如商业零售商、照相馆、干洗店等。

> **典型例题**

1. [单项选择题] G公司在大城市建立许多分装厂，由分装厂建立经营部，负责向各个零售终端供应产品，则该公司采用的消费品分销渠道模式是（　　）。

A. 厂家直供模式　　　　　　　　　　B. 多家经销模式

C. 独家经销模式　　　　　　　　　　D. 平台式销售模式

[解析] 本题考点为平台式销售模式。平台式销售模式是指生产厂家以商品的分装厂为核心，由分装厂建立经营部，负责向各个零售终端供应商品。

2. [单项选择题] 某晚突然天降大雨，超市门口聚集的顾客纷纷购买了雨伞、雨衣等产品，则雨伞、雨衣是属于（　　）。

A. 应急物品　　　　　　　　　　　　B. 日用品

C. 非渴求品　　　　　　　　　　　　D. 冲动购买品

[解析] 本题考点为消费品的类型。雨伞、雨衣属于应急物品。应急物品是消费者在紧急需要的情况下所购买的产品或服务，如急诊药品、应急雨伞等。

答案：1. D　2. A

考点3　渠道成员管理☆

一、渠道成员的选择

企业一般会从经营时间的长短、成长情况、清偿能力、合作态度、经营相关商品的情况、推销人员的素质、店铺的位置等方面评估、选择渠道成员。

二、渠道成员的激励

（一）常用的激励方法

(1) 沟通激励，包括提供产品、技术动态信息，公关宴请，交流市场信息，让经销商发泄不满。

（2）业务激励，包括佣金总额动态管理、灵活确定佣金比例、安排经销商会议、合作制订经营计划。

（3）扶持激励，包括实施优惠促销、提供广告津贴、培训销售人员、融资支持。

（二）激励的问题

1. 激励不足

当商品流通企业给予渠道成员的条件过于苛刻，以致不能很好地激励渠道成员的努力时，就会出现激励不足的情况，结果是商品流通企业的销售量下降，利润减少。

2. 激励过分

当商品流通企业给予渠道成员的优惠条件超过它取得合作所需提供的条件时，就会出现激励过分的情况，结果是商品流通企业的销售量提高，利润下降。

三、渠道成员的评估和调整

（一）评估

为了提高整个渠道的效率，商品流通企业需要定期按照一定的指标衡量相关渠道成员的表现。这些指标包括销售配额完成情况、平均存货水平、向顾客交货时间、对损坏和遗失商品的处理、与本企业促销和培训计划合作情况等。

（二）调整

通过评估，发现渠道不能按照计划工作，例如，当消费者购买方式发生变化、市场扩大、新的竞争者兴起、创新分销渠道出现以及商品进入商品生命周期的新阶段等情况出现时，需要对分销渠道进行必要的调整。

考点4　渠道权力管理与品牌

一、渠道权力及其来源

（一）渠道权力

渠道权力是指特定渠道成员控制或影响另一渠道成员行为的能力。

（二）渠道权力来源

（1）奖励权，指渠道成员（影响者）承诺而且能够对其他遵守其要求的渠道成员（受影响者）给予奖励。奖励权也称承诺策略，即对服从型伙伴给予好处的做法。

（2）强迫权，指渠道中的影响者对受影响者施加惩罚的能力。

（3）法定权，指受影响者认识到影响者有明确的权力对其施加影响，并由交易合同或契约式垂直分销体系形成的明确的权力。

（4）认同权，也称参照权，是指当一个渠道成员在使用另一个渠道成员的品牌或者从事对对方有利的活动时，它对另一方成员产生的影响。例如，一些流通企业通过选择与某些知名制造商合作，达到提高市场声誉的目的。

（5）专长权，指受影响的渠道成员认为，影响者具备其所不具备的某种特殊知识或有用的专长，如特许经营。

(6) 信息权，指渠道成员提供某类信息的能力。

二、渠道权力的运用

渠道权力的运用见表 4-1。

表 4-1 渠道权力的运用

类型	表现	权力来源
许诺战略	如果你按照我说的去做，我会奖励你	奖励权
威胁战略	如果你不按照我说的去做，我就会惩罚你	强迫权
法律战略	你必须按照我说的去做，因为从某种意义讲，你已经同意这样做了	法定权
请求战略	请按照我希望的去做	认同权、奖励权、强迫权
信息交换战略	无须说明我想要的是什么，我们来探讨什么对我的合作伙伴更有利	专长权、信息权、奖励权
建议战略	如果你按照我说的去做，你会有更多盈利	专长权、信息权、奖励权

三、渠道权力的保持

（一）渠道权力保持的本质

渠道权力保持的本质是渠道控制力的保持。

（二）生产厂商渠道控制力的保持

(1) 该行业由少数几家大厂商控制。

(2) 厂商的产品没有替代品。

(3) 获得该生产厂商的产品对购买者十分重要。

(4) 消费者或者产品是差异化的，厂商能够方便地完成成本转移。

(5) 厂商能实施前向一体化。

（三）中间商保持渠道控制力的策略

(1) 采用有影响力的自主品牌。

(2) 形成大量销售规模。

(3) 提供促销服务。

(4) 培养忠诚顾客。

(5) 运用集中采购策略。

(6) 适时运用灰色市场策略。

【注意】灰色市场策略是指中间商从所在分销渠道之外的厂商采购商品的做法。灰色市场策略会冲击分销渠道内生产厂商（供应商）的销量。

(7) 签订紧密合作协议以销售流转慢的商品。

(8) 适时运用垂直一体化战略。

(9) 通过批零兼营、价格折扣等手段吸引更多顾客。

(10) 通过灵活的货款结算政策影响供应商。

四、品牌

(一) 品牌定义

品牌即用以识别销售者的产品或服务,并使之与竞争对手的产品或服务区别开来的商业名称及其标志,通常由文字、标记、符号、图案和颜色等要素或这些要素的组合构成。

(二) 品牌内容

(1) 品牌名称。品牌中可以用语言称呼的部分,也称品名。

(2) 品牌标志。品牌中可以被认出、易于记忆但很难用语言称呼的部分,通常由图案、符号或特殊颜色等构成。

(三) 按照品牌归属权不同分类

(1) 制造商品牌,又称全国品牌,是指由生产者建立并拥有的品牌。例如海尔、娃哈哈。

(2) 经销商品牌,又称私人品牌,是指经销商自己创建并拥有的品牌。例如物美、屈臣氏。

(3) 混合品牌,是指一件商品拥有两个品牌,一个属于制造商,另一个属于经销商。例如,沃尔玛+惠宜。

>> **典型例题**

1.[单项选择题] 下面渠道权力运用战略中,表现为"你必须按照我说的去做,因为从某种意义讲,你已经同意这样做了"的是( )。

A. 法律战略   B. 许诺战略   C. 威胁战略   D. 请求战略

[解析] 本题考点为渠道权力的运用。法律战略表现为"你必须按照我说的去做,因为从某种意义讲,你已经同意这样做了";许诺战略表现为"如果你按照我说的去做,我会奖励你";威胁战略表现为"如果你不按照我说的去做,我就会惩罚你";请求战略表现为"请按照我希望的去做",故 A 项正确。

2.[单项选择题] 在渠道权力的运用战略中,请求战略的权力来源是( )。

A. 认同权、奖励权、强迫权　　　　B. 专长权、信息权、奖励权
C. 专长权、奖励权、强迫权　　　　D. 法定权、奖励权、强迫权

[解析] 本题考点为渠道权力的运用战略。请求战略的权力来源是认同权、奖励权、强迫权。

答案:1. A 2. A

考点5 渠道冲突管理☆☆

一、渠道冲突的界定和分类

(一) 渠道冲突的界定

渠道冲突是指渠道成员之间因为利益关系产生的矛盾和不协调。

(1) 厂商支持不一致。例如,某二级代理商会因为生产厂商给予相邻区域代理商更大的广

告支持而不满，导致渠道冲突。

(2) 倾销或窜货。例如，甲地区分销商不执行分销协议约定，向乙地区低价倾销或窜货，同样会引起乙地区分销商的不满和愤怒，从而产生渠道冲突。

渠道冲突的本质是渠道主体利益、行为和心理上的冲突。

(二) 渠道冲突的分类

1. 按照渠道成员的层级关系划分

(1) 水平冲突，指同一渠道中同一层次的中间商之间的冲突。

(2) 垂直冲突，指同一渠道中不同层次的成员之间的冲突。

(3) 多渠道冲突，指当某个厂商建立了两条或两条以上的渠道，向同一市场出售产品或服务时，发生在这些渠道之间的冲突。

2. 根据利益冲突与对抗性行为的关系划分（杜茨模型）

(1) 冲突。同时存在对抗性行为和利益冲突的情况。

(2) 潜伏性冲突。存在冲突的利益，但不存在对抗性行为。

(3) 虚假冲突。不存在利益冲突，但双方有对抗性行为。

(4) 不冲突。如果对抗性行为和利益冲突都不存在，那么这种状态就称为不冲突。

3. 根据冲突频率、冲突强度以及冲突事件的重要程度划分

根据冲突频率、冲突强度以及冲突事件的重要程度划分，将渠道冲突分为三个层次：低度冲突区、中度冲突区和高度冲突区。

4. 按照渠道冲突对企业发展的影响方向划分

(1) 功能性冲突。渠道成员把相互对抗作为消除渠道成员之间潜在的、有害的紧张气氛和不良动机的一种方法，通过提出和克服分歧，激励对方并相互挑战，从而提高共同的绩效。

(2) 破坏性冲突。渠道成员间的不安心理和对抗动机外化成对抗性行为，并超过了一定的限度，对渠道绩效水平和渠道关系产生消极的、破坏性的影响的冲突状态，如窜货、赖账、制假售假等行为导致的渠道冲突。

二、渠道冲突产生的原因

(1) 角色错位。如果一个渠道成员的行为超出了其他渠道成员预期可接受的范围，就会出现角色错位。

(2) 目标差异。渠道的每个成员都是一个独立的法人实体，有自己的利益和目标，这些目标有些可能会重叠，而另一些则可能不相关，甚至背道而驰，这样就会产生冲突。

(3) 观点差异。渠道成员对同一情景或同一刺激作出不同反应。

(4) 沟通困难。渠道成员之间不沟通，沟通缓慢或错误沟通等。

(5) 决策权分歧。渠道成员对其应当控制的特定领域产生强烈感受。

(6) 期望差异。不同的渠道成员对未来发展有不同估计、不同预期。在正确认识市场的基础上，这种差异并不太大。

(7) 资源稀缺。渠道资源分配不均，造成冲突。

三、渠道冲突的处理

（1）以共同利益为基础确定渠道成员的长期目标。
（2）鼓励各渠道成员积极参与渠道活动和相关政策的制定过程。
（3）适当运用激励手段。
（4）采用人员交换的做法减少冲突。
（5）利用好协商、调解、仲裁和诉讼等冲突处理手段。

>> 典型例题

[单项选择题] 甲公司和乙公司为同一渠道的中间商，甲公司属于批发商，乙公司属于零售商，但是甲、乙两家公司由于产品的售价产生了渠道冲突，该冲突属于（　　）。

A. 功能性冲突　　　　　　　　　　B. 破坏性冲突
C. 水平冲突　　　　　　　　　　　D. 垂直冲突

[解析] 本题考点为渠道冲突的类型。垂直冲突是指同一渠道中不同层次的成员之间的冲突。根据题意，甲公司是批发商，乙公司是零售商，两家公司的冲突是同一渠道不同层次之间的冲突，故 D 项正确。

答案：D

考点6　渠道差距的产生和消除思路 ☆☆

一、渠道差距的产生

渠道差距是指企业设计的渠道与终端消费者需求不一致，即企业家实际的渠道系统与预期的渠道系统有差距。服务质量差距模型有助于渠道管道者更好地降低直至消除渠道差距。

服务质量差距模型是 20 世纪 80 年代中期至 90 年代初美国营销学家帕拉休拉曼、赞瑟姆和贝利等人提出的，是专门用来分析质量问题根源的模型。质量差距及其产生原因见表 4-2。

表 4-2　质量差距及其产生原因

质量差距类型	定义	产生原因
质量感知差距（差距1）	指企业不能准确地感知顾客的服务期望	市场调查和分析信息不准确，对顾客期望的服务了解得不准确，没作需求分析，顾客需求信息在传递中改变
质量标准差距（差距2）	指服务提供者制定的服务标准与管理者所认知的顾客期望不一致导致的差距	服务质量计划缺乏高层管理者的有效支持，计划失误或计划程序有误，组织目标不明确，计划管理水平低下等。质量标准差距的大小多与差距1的大小有关
服务传递差距（差距3）	指因为服务生产与传递过程未按照企业所设定的标准进行而产生的差距	服务技术和系统无法满足标准的要求；服务质量标准过于复杂和僵硬，缺乏可操作性；员工不赞成该标准，所以不执行；服务质量标准与企业文化不相容；服务运营管理水平低下等
市场沟通差距（差距4）	企业市场宣传中所承诺的服务与企业实际提供的服务不同	市场沟通计划与服务运行实际未能很好融合，传统的外部营销与服务运营不协调，组织未能执行宣传中的服务质量标准，企业沟通宣传中存在过度承诺问题等

续表

质量差距类型	定义	产生原因
感知服务差距（差距5）【核心】	指顾客期望服务和顾客感知或实际体验的服务不一致的情况	与前述的差距1、差距2、差距3、差距4有关

二、消除渠道差距的思路

消除渠道差距的思路见表4-3。

表4-3 消除渠道差距的思路

项目	具体内容
消除需求方差距	针对不同细分市场顾客需求情况，提供不同的服务产品
	根据需求方差距产生的原因，有针对性地改进相关服务
	通过转变目标市场，改变服务对象，实现供给与需求服务水平的平衡
消除供应方渠道差距	改变当前渠道成员的角色
	利用新的分销技术降低成本
	引进新的分销专家，改进渠道运营
改变渠道环境和管理限制所产生的渠道差距	通过聘请有关专家参与重新设计和修改渠道系统等方式实现降低渠道差距、优化渠道结构的目标

》 **典型例题**

[单项选择题] 服务提供者制定的服务标准与管理者所认知的顾客期望不一致导致的差距属于（　　）差距。

A. 质量感知　　　　　　　　　　　B. 质量标准
C. 市场沟通　　　　　　　　　　　D. 服务传递

[解析] 本题考点为渠道差距的产生中的服务质量差距模型。质量标准差距（差距2）是指服务提供者制定的服务标准与管理者所认知的顾客期望不一致导致的差距，故B项正确。

答案：B

考点7 渠道评估指标 ☆☆☆

一、渠道畅通性评估

渠道畅通性评估见表4-4。

表4-4 渠道畅通性评估

项目	具体内容	
渠道畅通性衡量	用商品传输时间来衡量。商品传输时间是指商品从企业流到最终消费者手中的时间，以"天"为单位	商品传输时间＝商品库存时间＋各环节运输时间
		商品传输时间越短，说明渠道畅通性越好

续表

项目		具体内容
常用的畅通性评价指标	商品周转速度	指商品在渠道流通环节停留的时间
	货款回收速度	从资金的角度反映渠道畅通程度的指标,可以用销售回款率表示,回款率越高,说明渠道越畅通
	销售回款率	销售回款率 = $\dfrac{实际收到销售款}{销售收入} \times 100\%$

二、渠道覆盖率评估

渠道覆盖率评估见表4-5。

表4-5 渠道覆盖率评估

项目		具体内容	
渠道覆盖率含义		指渠道成员分销商品覆盖的地理区域,可用市场覆盖面和市场覆盖率两个指标衡量	
渠道覆盖率指标	市场覆盖面	一个绝对指标,是指分销网络终端分销商品所覆盖的地理区域	市场覆盖面 = 分销网络终端销售区域面积总和 - 相互重叠销售区域面积总和
	市场覆盖率	一个相对指标,是指该渠道在一定区域的市场覆盖面积占整个市场总面积的比例	市场覆盖率 = $\dfrac{渠道市场覆盖面积}{市场总面积} \times 100\%$

三、渠道财务绩效评估

渠道财务绩效评估见表4-6。

表4-6 渠道财务绩效评估

项目		具体内容	
分销渠道费用	含义	指企业在组织商品销售过程中发生的各种流通费用,包括仓储费、运输费、包装费、促销费和相关人工费等,可以用分销渠道费用额和分销渠道费用率等表示	
	指标	分销渠道费用额	指一定时期内分销渠道所发生的各种费用的金额,这是判断分销渠道财务绩效的基础
		分销渠道费用率	指一定时期内分销渠道费用额和商品销售额之间的对比关系 分销渠道费用率 = $\dfrac{分销渠道费用额}{渠道商品销售额} \times 100\%$
		分销渠道费用率升降率	分销渠道费用率升降率 = 本期分销渠道费用率 - 上期分销渠道费用率 该数值为正,说明渠道费用上升,渠道成本提高;该数值为负,则在一定程度上表明渠道费用下降,节约了渠道成本

续表

项目			具体内容
渠道市场占有率	指标	市场占有率	指一家企业商品和服务的销售量（额）在市场同类商品和服务中所占的比例
			按总体市场测算：指一家企业商品和服务的销售量（额）占全行业销售量（额）的比例
			按目标市场测算：指一家企业的销售量（额）在其目标市场，即它所服务的市场中所占的比例
			按三大竞争者测算：指一家企业的销售量（额）和市场上最大的三个竞争者的销售总量之比
			按最大竞争者测算：指一家企业的销售量与市场上最大竞争者的销售量之比。若比值大于1，则表明该企业是这一市场的领袖
		渠道市场占有率	渠道市场占有率 = $\dfrac{某渠道分销商品销售额}{该商品同期销售总额} \times 100\%$
渠道盈利能力	指标	渠道销售增长率	渠道销售增长率 = $\dfrac{本年销售增长额}{上年销售总额} \times 100\%$ = $\dfrac{本年销售额-上年销售额}{上年销售总额} \times 100\%$
		渠道销售利润率	渠道销售利润率 = $\dfrac{渠道利润额}{渠道商品销售额} \times 100\%$
		渠道费用利润率	渠道费用利润率 = $\dfrac{渠道利润额}{分销渠道费用} \times 100\%$
		资产利润率	资产利润率 = $\dfrac{渠道利润额}{渠道资产占用额} \times 100\%$

》 典型例题

1.[单项选择题] 某企业渠道商品的2019年销售额为5 000万元，2020年的销售额为6 500万元，则该企业2020年的渠道销售增长率为（　　）。

A. 50%　　　　　　　　　　　　B. 40%
C. 30%　　　　　　　　　　　　D. 20%

[解析] 本题考点为渠道财务绩效评估中的渠道销售增长率。根据公式，代入相关数值：渠道销售增长率 = $\dfrac{本年销售增长额}{上年销售总额} \times 100\%$ = $\dfrac{本年销售额-上年销售额}{上年销售总额} \times 100\%$ = $\dfrac{6\ 500-5\ 000}{5\ 000} \times 100\%$ = 30%，故C项正确。

2.[单项选择题] 下列分销渠道运行绩效评估指标中，用于衡量渠道盈利能力的是（　　）。

A. 销售回款率　　　　　　　　　B. 渠道销售增长率
C. 市场覆盖率　　　　　　　　　D. 商品周转速度

[解析] 本题考点为渠道盈利能力指标。渠道盈利能力指标包括渠道销售增长率、渠道销售利润率、渠道费用利润率、资产利润率。

答案：1. C　2. B

考点8 网络分销渠道概述 ☆☆

一、网络分销渠道与传统分销渠道的比较

网络分销渠道与传统分销渠道的比较见表4-7。

表4-7 网络分销渠道与传统分销渠道的比较

项目	网络分销渠道	传统渠道
作用	(1) 提供了双向的信息传播模式，使生产者和消费者的沟通更加方便畅通 (2) 企业销售商品、提供服务的快捷途径，它在实现商品所有权转移方面的作用较传统渠道有所加强 (3) 既可以通过网络渠道开展商务活动，也可以对用户进行技术培训和售后服务	—
结构	(1) 网状的，呈现出以互联网站点为中心，向周围发散的结构 (2) 直接分销渠道：零级分销渠道 (3) 间接分销渠道：只有一级分销渠道	(1) 线性的，体现为一种有流动方向的线性通道 (2) 直接分销渠道：零级分销渠道 (3) 间接分销渠道：多级
费用	低	高

二、网络分销渠道的特征

网络分销渠道的特征见表4-8。

表4-8 网络分销渠道的特征

特征	内容
虚拟性	网络空间是一个虚拟的世界，在互联网上从事的销售活动是在虚拟环境下完成的
经济性	(1) 网络分销渠道结构简单，节省了流通环节的成本，大大减少了库存 (2) 可以有效减少印刷和邮寄成本 (3) 网络分销渠道可以实现无店铺销售，节约相应的租金和水电费等方面的支出
便利性	(1) 对传统中间商的依赖有所减少，流通费用降低，使消费者享受更多的折扣成为可能 (2) 提供了充分的信息支持，消费者可享受优厚的会员服务及售后服务 (3) 企业经营上的时空限制被彻底打破

三、网络分销系统

网络分销系统见表4-9。

表4-9 网络分销系统

类型	内容
订货系统	为顾客提供商品信息，同时方便厂家（商家）获取顾客的需求信息，以求达到供求平衡
结算系统	顾客购买商品后，可以通过多种方式方便地进行付款，因此厂家（商家）应有多种结算方式
配送系统	对于无形产品，如服务、软件、音乐等，可以通过网络直接配送；对于有形产品的配送，会涉及运输和仓储问题

四、网络分销渠道类型

网络分销渠道类型见表4-10。

表 4-10 网络分销渠道类型

项目	含义	类型	
网络直销渠道	指生产者通过互联网直接把产品销售给顾客的销售渠道	生产企业直接在网络平台上搭建网站销售产品,如企业官网	
		企业入驻电子商务平台直接进行销售,如入驻天猫商城、京东商城等	
网络间接分销渠道	指生产者通过融入互联网后的网络中间商把商品销售给最终用户的分销渠道	目录服务商	(1) 综合性目录服务商,如搜狐门户网站 (2) 商业性目录服务商,如一些互联网商店目录。商业性目录服务商类似实际生活中的出版厂商和公司目录出版商 (3) 专业性目录服务商,即针对某一专业领域或主题建立的网站,通常是由该领域中的公司或专业人士提供内容
		搜索引擎服务商	为用户提供基于关键词的检索服务,如百度搜索、360搜索引擎等站点
		虚拟商业街	指包含两个以上商业站点链接的网站,如新浪网的虚拟商业街就提供专卖店店面出租服务
		互联网内容提供商	在互联网上向目标客户群提供所需信息的服务商,包括搜索引擎、虚拟社区、电子邮箱、新闻娱乐等
		网上零售商	(1) 纯网络型零售商,如亚马逊、当当网等 (2) 传统零售企业触网,如沃尔玛、苏宁易购等
		虚拟评估机构	一些根据预先制定的标准体系对网上商家进行评估的第三方评级机构,如大众点评网
		智能代理	根据消费者的偏好和要求预先为消费者自动进行所需信息的搜索和过滤服务的提供者。其分为四种基本类型:信息代理、检测和监视代理、数据挖掘代理、用户或个人代理
		虚拟市场	为那些想要进行物品交易的人提供的一个虚拟交易场所。如网上拍卖站点
		网络统计机构	为用户提供互联网统计数据的机构,如 AC 尼尔森公司、中国互联网络信息中心
		网络金融机构	为网络交易提供专业性金融服务的机构

>> 典型例题

[单项选择题] 下列网络中间商的类型中,(　　)属于第三方评级机构。

A. 虚拟评估机构　　　　　　　　　　B. 智能代理

C. 网络统计机构　　　　　　　　　　D. 网络金融机构

[解析] 本题考点为网络中间商的类型中的虚拟评估机构。虚拟评估机构是一些根据预先制定的标准体系对网上商家进行评估的第三方评级机构。虚拟评估机构通过为消费者提供网上商家的等级信息和消费评测报告,降低消费者网上购物的风险,对网络市场中商家的经营行为起到了间接的监督作用,故 A 项正确。

答案:A

考点9 渠道扁平化和渠道战略联盟 ☆

一、渠道扁平化

渠道扁平化的相关内容见表4-11。

表4-11 渠道扁平化的相关内容

项目		具体内容
概念		指渠道设计中应尽量减少商品和顾客接触的中间环节,实现商品和顾客的直接接触,以便实现成本优势和减少中间环节的信息失真
类型		物流平台、资金平台、信息流平台
原因	网络信息技术的影响	(1) 扁平化渠道结构的总成本更具有相对意义上的经济性 (2) 带来了许多新的营销运作模式,如网上直销、目录营销等 (3) 网络信息技术极大地改变了人们获取信息、传递信息的方式
	渠道纵向一体化的影响	—
	顾客需求特征的影响	(1) 顾客对商品的个性化要求越来越高 (2) 顾客不确定性的增加和承诺的丧失 (3) 消费的"折中主义"
形式	直接渠道	也称绝对扁平化渠道,这是最原始的交易方式,表现为生产商—顾客的渠道模式
	有一层中间商的扁平化渠道	表现为生产商—中间商—消费者的渠道模式
	有两层中间商的扁平化渠道	表现为生产商—经销商(代理商)—零售商—消费者(用户)的渠道模式,这是最常用、最普遍的一种扁平化模式

二、渠道战略联盟

（一）经销商之间的战略联盟

(1) 动机：通过联盟形成的规模优势和垄断优势与供应商进行博弈，以获得更大的利润空间。

(2) 形式：通过集中采购或建立经销商联盟，经销商们在营销渠道中有决定性的发言权。

（二）供应商之间的战略联盟

(1) 形式：早期的价格联盟→最终的战略联盟。

(2) 原因：外部环境的动态性。

(3) 特点：在一定利益驱动下的短期行为。

（三）供应商和经销商之间的战略联盟

(1) 目的：通过供应链中上下游的联盟和合作，提高整条供应链的效益和效率，加快市场反应速度，为顾客提供更好更满意的服务。

(2) 联盟的基础：在长期交易中建立起来的信任和相互依赖的关系。

> 典型例题

[单项选择题] 某手机企业为降低成本，实施了渠道扁平化的改革，新渠道的形式为生产商—顾客的渠道形式，则该企业渠道形式为（　　）。

A. 直接渠道
B. 有一层中间商的扁平化渠道
C. 有两层中间商的扁平化渠道
D. 有三层中间商的扁平化渠道

[解析] 本题考点为渠道扁平化的形式。直接渠道也称绝对扁平化渠道，这是最原始的交易方式，表现为生产商—顾客的渠道模式。根据题目信息，该企业新渠道的形式为生产商—顾客的渠道模式，故属于直接渠道。A项正确。

答案：A

第五章

生产管理

📖 大纲再现
1. 辨别生产能力的种类，总结影响生产能力的因素，核算生产能力。
2. 理解生产计划的指标，编制生产计划，安排产品出产进度。
3. 理解生产作业计划的内容和特点，制定生产企业的期量标准，编制车间生产作业计划。
4. 理解生产控制，制定生产控制的基本程序，细化生产控制的方式，开展生产进度、在制品及库存控制，进行生产调度。
5. 熟悉现代生产管理方式，如ERP、精益生产管理和丰田精益生产方式。

大纲解读
本章历年考试分值在19~20分，常考题型包括单项选择题、多项选择题和案例分析题。

本章是非常重要的章节，考试分值占比较高，需要加强重视。本章主要介绍了生产企业的计划、控制和先进生产方法等。其中，单项选择题和多项选择题以记忆型题目为主，要求加强记忆相关知识点；案例分析题考点较多且不固定，需要加强学习和练习。

知识脉络 ▶

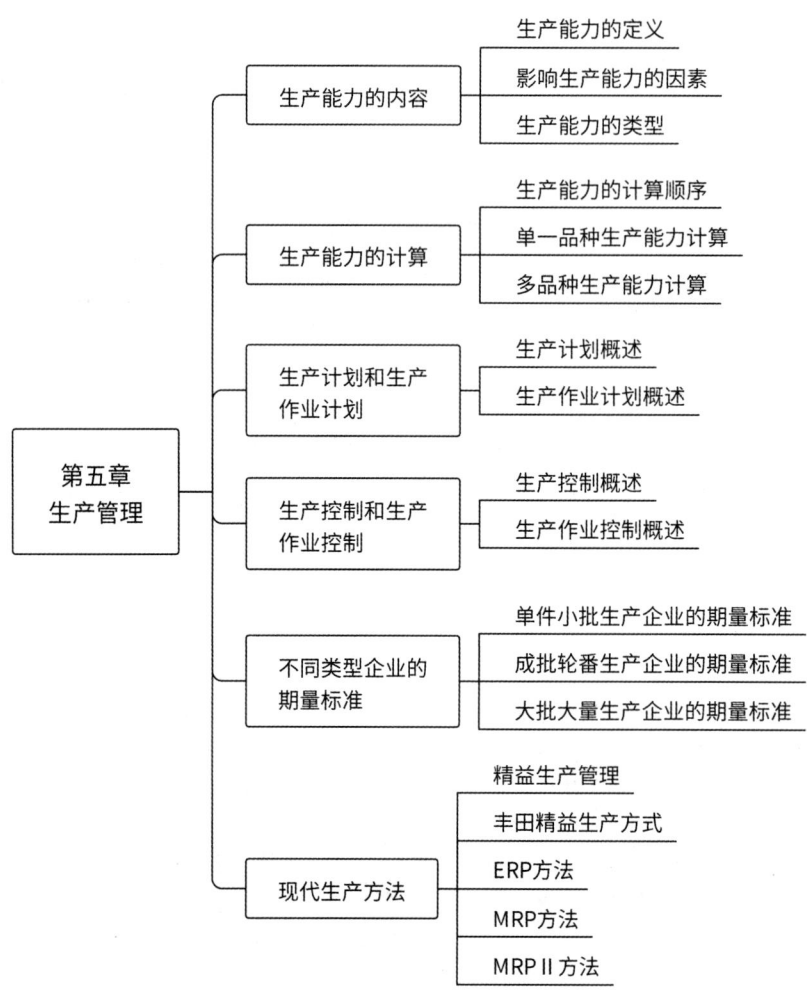

考点1　生产能力的内容☆

一、生产能力的定义

企业在固定的时间内，在固定的生产条件下，有效的固定资产所能生产产品的最大数量。

二、影响生产能力的因素

(1) 生产性固定资产的工作时间。

(2) 生产性固定资产的数量。

(3) 生产性固定资产的生产效率。

三、生产能力的类型

(1) 计划生产能力。计划生产能力是企业年度计划和季度计划的编制依据，反映了企业的现实生产能力，直接决定近期所作生产计划。

(2) 设计生产能力。设计生产能力一般指企业长期计划，是企业在进行基本建设时所写明的生产能力。

(3) 查定生产能力。查定生产能力一般指企业长期计划，是企业按照现有的生产条件和技术水平重新审查核定的生产能力。

> **典型例题**

1. [多项选择题] 影响企业生产能力的因素有（　　）。

A. 固定资产的折旧率　　　　　　　　B. 固定资产的生产效率

C. 固定资产的工作时间　　　　　　　D. 固定资产的数量

E. 固定资产的成本

[解析] 本题考点为影响企业生产能力的因素。影响企业生产能力的因素包括固定资产的生产效率、固定资产的工作时间和固定资产的数量。

2. [单项选择题] 企业进行基本建设时，在技术文件中所写明的生产能力是（　　）。

A. 设计生产能力　　　　　　　　　　B. 查定生产能力

C. 计划生产能力　　　　　　　　　　D. 现实生产能力

[解析] 本题考点为设计生产能力。设计生产能力一般指企业长期计划，是企业在进行基本建设时所写明的生产能力。

答案：1. BCD　2. A

考点2　生产能力的计算☆☆☆

一、生产能力的计算顺序

生产能力的计算顺序为设备组→小组→工段→车间→企业。

二、单一品种生产能力计算

(1) 作业场地生产能力计算公式：

$$M = \frac{F \times A}{a \times t}$$

式中，M 为作业场地的生产能力，F 为单位面积的有效工作时间，A 为生产面积，a 为单位产品占用生产面积，t 为单位产品占用时间。

[例题] 某钳工车间生产面积 500 平方米，单一生产产品 A，单位面积有效工作时间为每日 8 小时，每件产品 A 占用生产面积 2.5 平方米，生产一件产品 A 占用时间为 1 小时，则该钳工车间的日生产能力是多少件？

[解析] 根据公式可得：$M = F \times A / (a \times t) = 8 \times 500 \div (2.5 \times 1) = 1\,600$（件）。

（2）设备组生产能力计算公式：

$$M = F \times S \times P = \frac{F \times S}{t}$$

式中，M 为设备组的生产能力，F 为单位设备的有效工作时间，S 为设备数量，P 为产量定额，t 为时间定额。

（3）流水线生产能力计算公式：

$$M = \frac{F}{r}$$

式中，M 表示流水线的生产能力，F 表示流水线有效工作时间，r 表示流水线节拍。

三、多品种生产能力计算

（一）假定产品法

适用条件：品种复杂、工艺结构差距大、劳动量差距大的情况。假定产品是一种假定的综合产品，一般针对的是同系列或同类产品。运用假定产品法进行计算的步骤如下：

第一步：确定 t_j，即假定产品的台时定额。公式如下：

$$t_j = \sum_{i=1}^{n} w_i t_i$$

式中，w_i 表示第 i 种产品占总产量的比重，t_i 表示第 i 种产品的台时定额。

第二步：计算设备组假定产品的生产能力。公式如下：

$$M_j = \frac{F \times S}{t_j}$$

式中，M_j 表示假定产品的生产能力，F 表示单位设备有效工作时间，S 表示设备数量，t_j 表示假定产品的台时定额。

第三步：根据假定产品的生产能力，计算各种实际产品的生产能力。公式如下：

$$M_i = M_j \times w_i$$

式中，M_i 表示具体产品的生产能力，M_j 表示以假定产品来计算生产能力，w_i 表示第 i 种产品占总产量的比重。

（二）代表产品法

运用代表产品法进行计算的步骤如下：

第五章 生产管理

第一步：选定具有代表性的产品。代表产品是指产品结构和工艺上具有代表性，能够反映专业方向、占用劳动较多、产量较大的产品。

第二步：计算代表产品的生产能力。公式如下：

$$M_d = \frac{F \times S}{t_d}$$

式中，M_d 表示以代表产品来计算的生产能力，F 表示单位设备有效工作时间，S 表示设备数量，t_d 表示产品的时间定额。

第三步：计算换算系数。公式如下：

$$K_i = \frac{t_i}{t_d}$$

式中，K_i 表示第 i 种产品的换算系数，t_i 表示第 i 种产品的时间定额，t_d 表示代表产品的时间定额。

第四步：计算其他产品的生产能力。

（1）把具体产品的计划产量换算成代表产品的折合产量。公式如下：

$$Q_{di} = K_i Q_i \ (i=1, 2, 3 \cdots\cdots n)$$

式中，Q_{di} 表示第 i 种产品的计划产量换算成代表产品的产量，K_i 表示第 i 种产品的换算系数，Q_i 表示第 i 种产品的计划产量。

（2）计算各具体产品的产量占全部产品产量的比重（以代表产品为依据）。公式如下：

$$w_i = \frac{Q_{di}}{\sum_{i=1}^{n} Q_{di}} \ (i=1, 2, 3 \cdots\cdots n)$$

式中，w_i 表示第 i 种产品占全部产品的产量比重，Q_{di} 表示第 i 种产品的计划产量换算成代表产品的产量。

（3）计算各具体产品的生产能力。公式如下：

$$M_i = \frac{w_i M_d}{K_i}$$

式中，M_i 表示第 i 种产品的生产能力。

[例题] 某企业生产甲、乙、丙、丁四种产品，各种产品在铣床组的台时定额分别为 40 台时、60 台时、80 台时、160 台时；铣床组共有铣床 12 台，年有效工作时间为 4 800 小时。计划甲、乙、丙、丁四种产品产量分别为 100 台、200 台、300 台和 50 台。丙产品的产量最大，把丙产品看作是代表产品。按照代表产品法来计算甲产品的年生产能力为多少台？

[解析] 该企业把丙产品看作代表产品，那么丙产品的台时定额 80 台时就是代表产品的台时定额，所以首先求代表产品的生产能力。

（1）根据代表产品的生产能力公式 $M_d = \frac{F \times S}{t_d}$，得 $M_d = (4\,800 \times 12) \div 80 = 720$（台）。

（2）计算甲产品的生产能力，具体说明见表 5-1。

表 5-1 产品情况

产品名称	计划产量（台）	单位产品台时定额	代表台时定额（台时）	换算系数	折合产量（台）	产量比重
甲	100	40		0.5	50	0.083
乙	200	60		0.75	150	0.25
丙	300	80	80	1.00	300	0.5
丁	50	160		2.00	100	0.167
合计					600	

①计算甲、乙、丙、丁产品的换算系数，甲产品的台时定额为 40 台时，代表产品丙的台时定额为 80 台时，所以根据换算系数公式 $K_i = \dfrac{t_i}{t_d}$，得 $K_i = 40 \div 80 = 0.5$。同理，乙产品的换算系数 $K_i = 60 \div 80 = 0.75$，丙产品的换算系数 $K_i = 80 \div 80 = 1.00$，丁产品的换算系数 $K_i = 160 \div 80 = 2.00$。

②甲产品的折合产量为 $Q_{di} = K_i Q_i = 0.5 \times 100 = 50$（台），乙产品的折合产量 $Q_{di} = K_i Q_i = 0.75 \times 200 = 150$（台），丙产品的折合产量为 $Q_{di} = K_i Q_i = 1 \times 300 = 300$（台），丁产品的折合产量 $Q_{di} = K_i Q_i = 2 \times 50 = 100$（台）。所以总的折合产量 $= 50 + 150 + 300 + 100 = 600$（台）。

③计算甲产品的折合产量占总折合产量的比重，根据公式得 $w_i = 50 \div 600 \approx 0.083$。

④计算甲产品的生产能力，根据公式得 $M_i = \dfrac{w_i M_d}{K_i} = (0.083 \times 720) \div 0.5 = 119.52$（台）$\approx 120$（台）。

> 典型例题

1. [单项选择题] 生产型企业在进行生产能力核算时，应首先计算（　　）的生产能力。

A. 设备组　　　　B. 工段　　　　C. 车间　　　　D. 企业

[解析] 本题考点为企业生产能力的核算顺序。生产型企业在进行生产能力核算时，首先要计算设备组的生产能力，平衡后再确定小组、工段、车间的生产能力。

2. [多项选择题] 下列因素中，影响设备组生产能力的有（　　）。

A. 时间定额　　　　　　　　B. 订单数量

C. 产量定额　　　　　　　　D. 单位设备有效工作时间

E. 设备数量

[解析] 本题考点为单一品种生产能力的公式。其中，设备组的生产能力计算涉及两个公式：$M = F \times S \times P$ 和 $M = (F \times S)/t$。其中，F 为单位设备有效工作时间；S 为设备数量；P 为产量定额；t 为时间定额。故 A、C、D、E 四项正确。

3. [案例分析题] 某企业生产甲、乙、丙、丁四种产品，各种产品在铣床组的台时定额分别为 40 小时、50 小时、20 小时、80 小时；铣床组共有铣床 12 台，每台铣床的有效工作时间为 4 400 小时；甲、乙、丙、丁四种产品计划年产量分别为 1 500 台、1 200 台、2 400 台、

900台,对应的总产量的比重分别为0.25、0.2、0.4、0.15。该企业采用假定产品法进行多品种生产条件下铣床组生产能力核算,得出年生产假定产品的能力为1 320台。

(1) 假定产品的台时定额是( )小时。
A. 55　　　　　　B. 35　　　　　　C. 30　　　　　　D. 40

[解析] 本题考点为假定产品的台时定额。假定产品的台时定额公式为 $t_j = \sum_{i=1}^{n} w_i t_i$,其中,$w_i$表示第$i$种产品占总产量的比重,$t_i$表示第$i$种产品的台时定额。根据公式得$t_j$=40×0.25+50×0.2+20×0.4+80×0.15=40(小时)。

(2) 铣床组年生产甲产品的能力为( )台。
A. 198　　　　　　　　　　　　B. 330
C. 264　　　　　　　　　　　　D. 528

[解析] 本题考点为个别产品的生产能力。根据已知条件,该企业年生产假定产品的能力为1 320台。根据公式$M_i = M_j \times w_i$,M_i表示具体产品的生产能力,M_j表示以假定产品来计算生产能力,w_i表示第i种产品占总产量的比重,可得$M_甲$=1 320×0.25=330(台)。

(3) 该企业采用假定产品法计算生产能力,则推断该企业可能的生产特征是( )。
A. 产品劳动量差别小　　　　　　B. 产品工艺差别小
C. 产品结构差别大　　　　　　　D. 产品订单量差别大

[解析] 本题考点为企业运用假定产品法的适用条件。在企业产品品种比较复杂,各种产品在结构、工艺、劳动量差别比较大,不容易确定代表产品时,可以采用假定产品法。

(4) 影响该铣床组生产能力的因素有( )。
A. 铣床的体积　　　　　　　　　B. 铣床组的台时定额
C. 铣床组的有效工作时间　　　　D. 铣床组拥有铣床的数量

[解析] 本题考点为生产能力的影响因素。影响企业生产能力的因素有固定资产的数量、工作时间和生产效率。所以,B、C、D三项正确。A项错误,生产能力和体积没有关系。

答案:1. A　2. ACDE　3. D　B　C　BCD

考点3　生产计划和生产作业计划 ☆☆

一、生产计划概述

(一) 生产计划的类型

1. 生产作业计划

生产作业计划具体到每个人、每个班次,是较为具体和详细的计划。

2. 年度生产计划

年度生产计划的计划时间为1年,是确定企业生产水平的纲领性计划。

3. 中长期生产计划

中长期生产计划的计划时间为3年、5年,或大于5年。

（二）生产计划的指标

1. 产品质量指标

产品质量指标包括两种类型：一种是反映产品生产过程的指标，如废品率、成品返修率、质量损失率；另一种是反映产品内在质量的指标，主要是产品质量分、产品平均技术性能等。

2. 产品产值指标

（1）工业增加值。工业增加值是指企业在一定时期内用货币衡量的社会最终成果，是由固定资产折旧加新创造的价值构成的。

（2）工业商品产值。工业商品产值是指企业在一定时期内发出去的产值，即用货币来衡量的产品价值。

（3）工业总产值。工业总产值指以货币来衡量的工业产品总量，即等于产量乘以产品单价。工业总产值是将企业最终成果作为计算依据的。

3. 产品品种指标

产品品种指标一般指的是产品的种类和规格。

4. 产品产量指标

计算产品产量指标的方法包括线性规划法和盈亏平衡分析法。

二、生产作业计划概述

（一）生产作业计划的内容

（1）计算负荷率。

（2）日常生产过程中的派工、调度、执行、生产情况的控制与分析统计。

（3）按照层级编制作业计划。

①作业计划内容，包括车间日程计划、产品进度计划、零件进度计划。

②作业计划层级顺序，顺序为厂级→车间级→工段级→班组→机床和操作者。

（4）编制生产准备计划。

（二）生产作业计划特征

生产作业计划的特征为：①时间周期短；②计划单位小；③计划内容具体。

（三）生产作业计划编制方法

1. 生产周期法

生产周期法适用于单件小批量类型的企业。

2. 在制品定额法

在制品定额法适合大批大量生产类型的企业，该方法按照工艺反顺序法来计算。其计算公式如下：

本车间出产量＝后续车间投入量＋本车间半成品外售量＋（本车间期末库存半成品定额－本车间期初预计库存半成品结存量）

本车间投入量＝本车间出产量＋本车间计划允许废品及损耗量＋（本车间期末在制品定额－本车间期初预计在制品结存量）

3. 提前期法

提前期法（又称累计编号法）适用于成批生产企业。

（1）提前期。提前期是指产品或零件在各车间投入或出产的时间，比成品出产时间应提前的天数。生产提前期分为出产提前期和投入提前期。其涉及的公式有以下三个：

<u>本车间投入提前期＝本车间出产提前期＋本车间生产周期</u>

<u>本车间出产提前期＝后车间投入提前期＋保险期</u>

<u>提前量＝提前期×平均日产量</u>

（2）提前期法。提前期法是指最新生产的那个单位产品编号为1，第二个生产的产品编号为2，累计编号，一直编到最后一个产品。越是处于生产开始阶段的产品，其编号越大；越是处于完工阶段的产品，其编号越小。

提前期法的优点：检测生产的零部件的成套性；可以平衡地编制作业计划；自动预计本月任务完成情况；自动修改生产任务。其涉及的公式有两个：

<u>本车间出产累计号数＝最后车间出产累计号＋本车间的出产提前期×最后车间平均日产量</u>

<u>本车间投入累计号数＝最后车间出产累计号＋本车间投入提前期×最后车间平均日产量</u>

典型例题

1. [单项选择题] 下列生产计划中，受企业现有条件的约束，且是确定企业生产水平的纲领性计划的是（   ）。

A. 年度生产计划　　　　　　　　　　　B. 中期生产计划

C. 生产作业计划　　　　　　　　　　　D. 长期生产计划

[解析] 本题考点为生产计划的类型。生产计划的类型包括年度生产计划、中长期生产计划和生产作业计划三种。其中，年度生产计划是以计划期内的市场状况和充分利用现有生产能力为依据制定的企业生产纲领，是考核企业生产水平和经营状况的主要依据；中长期生产计划不受企业现有条件的约束，是为开创新局面制定的生产发展规划；生产作业计划具体到每个人、每个班次，是较为具体和详细的计划。

2. [单项选择题] 成品返修率属于生产计划指标中的（   ）指标。

A. 产品质量　　　　B. 产品品种　　　　C. 产品产量　　　　D. 产品产值

[解析] 本题考点为产品质量指标相关内容。产品质量指标包括质量损失率、废品率和成品返修率，故成品返修率属于产品质量指标。

3. [单项选择题] 下列产值指标中，由新创造的价值与固定资产折旧价值共同构成的指标是（   ）。

A. 工业增加值　　　　　　　　　　　　B. 工业总产值

C. 产品产值　　　　　　　　　　　　　D. 工业商品产值

[解析] 本题考点为工业增加值。A项，工业增加值反映一定时期内工业生产活动的最终成果，减少了工业总产值的一些重复计算部分，更加真实地体现了产值问题，工业增加值的价值构成是新创造的价值加固定资产折旧。B项，工业总产值反映一定时期内工业生产总规模和

总水平,包括成品价值、工业性作业价值和自制半成品、自制设备、自制品期末期初结存差额价值。C项,产品产值属于大类,A、B、D三项都是产品产值指标。D项,工业商品产值是工业企业在一定时期内生产的预定发售到企业外的工业产品的总价值,利用商品产值和实际销售收入比较,可体现出企业生产和市场需求的吻合程度。

4. [单项选择题] 通常情况下,生产作业计划中层级最高的是( )。

A. 车间级生产作业计划　　　　　　B. 班组生产作业计划
C. 工段生产作业计划　　　　　　　D. 厂级生产作业计划

[解析] 本题考点为生产作业计划相关内容。生产作业计划通常分为许多层次,如厂级生产作业计划、车间级生产作业计划、工段生产作业计划和班组生产作业计划,甚至到每台机床和每个操作者,按常理可知厂级生产作业计划是层级最高的。

5. [案例分析题] 某企业的产品生产按照工艺顺序需连续经过甲车间、乙车间、丙车间、丁车间的生产才能完成。该企业运用在制品定额法来编制下一个生产周期的生产计划。在下一个生产周期,各车间生产计划如下:丁车间出产量为2 000件,计划允许废品及损耗量为50件,期末在制品定额为300件,期初预计在制品结存量为150件;丙车间投入量为2 000件;乙车间半成品外销量为1 000件,期末库存半成品定额为400件,期初预计库存半成品结存量为200件。

(1) 该企业运用在制品定额法编制生产作业计划,可以推测该企业的生产类型属于( )类型。

A. 单件生产　　　　　　　　　　　B. 小批量生产
C. 成批生产　　　　　　　　　　　D. 大批大量生产

[解析] 本题考点为在制品定额法。在制品定额法适合大批大量生产类型企业的生产作业计划编制。

(2) 丁车间下一个生产周期的投入量是( )件。

A. 1 600　　　　B. 1 960　　　　C. 2 200　　　　D. 2 300

[解析] 本题考点为在制品定额法计算。根据公式,本车间投入量=本车间出产量+本车间计划允许废品及损耗量+(本车间期末在制品定额-本车间期初预计在制品结存量)。根据题意得,丁车间投入量=丁车间出产量+丁车间计划允许废品及损耗量+(丁车间期末在制品定额-丁车间期初预计在制品结存量)=2 000+50+(300-150)=2 200(件)。

(3) 乙车间下一个生产周期的出产量是( )件。

A. 3 000　　　　B. 3 200　　　　C. 3 600　　　　D. 4 500

[解析] 本题考点为在制品定额法计算。根据公式,本车间出产量=后续车间投入量+本车间半成品外售量+(本车间期末库存半成品定额-本车间期初预计库存半成品结存量)。根据题意,该企业生产经过甲车间、乙车间、丙车间、丁车间四个车间,乙车间的后续车间应该是丙车间。所以,乙车间出产量=丙车间投入量+乙车间半成品外售量+(乙车间期末库存半成品定额-乙车间期初预计库存半成品结存量)=2 000+1 000+(400-200)=3 200(件)。

(4) 该企业应最后编制（　　）的生产作业计划。

A. 甲车间　　　　　　　　　　　　B. 乙车间

C. 丙车间　　　　　　　　　　　　D. 丁车间

[解析] 本题考点为在制品定额法的计算顺序。根据题目信息，生产工艺的顺序是经过甲、乙、丙、丁四个车间，但在制品定额法编制计划是按照工艺反顺序来计算的，其正确的顺序为丁车间→丙车间→乙车间→甲车间。所以，该企业应最后编制甲车间的计划。

6. [案例分析题] 某机电生产企业生产单一机电产品，其生产计划部门运用提前期法来确定机电产品在各车间的生产任务。甲车间是生产该种机电产品的最后车间，2018年11月份应生产到3 000号，产品的平均日产量为100台。该种机电产品在乙车间的出产提前期为20天，生产周期为10天。假定各车间的生产保险期为0天。

(1) 该企业运用提前期法编制生产作业计划，可以推测该企业属于（　　）类型企业。

A. 单件生产　　　　　　　　　　　B. 大量生产

C. 成批生产　　　　　　　　　　　D. 小批量生产

[解析] 本题考点为提前期法。提前期法又称累计编号法，适用于成批生产类型企业的生产作业计划编制。

(2) 乙车间2018年11月份出产产品的累计号是（　　）。

A. 4 600号　　　　　　　　　　　B. 5 000号

C. 4 800号　　　　　　　　　　　D. 5 500号

[解析] 本题考点为提前期法计算。根据公式，本车间出产累计号数＝最后车间出产累计号＋本车间的出产提前期×最后车间平均日产量。参考题目信息，乙车间出产累计编号数＝最后车间出产累计号＋乙车间的出产提前期×最后车间平均日产量＝3 000＋20×100＝5 000（号）。

(3) 乙车间2018年11月份投入生产的累计号是（　　）。

A. 5 500号　　　　　　　　　　　B. 5 600号

C. 8 800号　　　　　　　　　　　D. 6 000号

[解析] 本题考点为提前期法计算。根据公式，本车间投入累计号数＝最后车间出产累计号＋本车间的投入提前期×最后车间平均日产量。参考题目信息，乙车间投入累计号数＝最后车间出产累计号＋乙车间的投入提前期×最后车间平均日产量＝3 000＋30×100＝6 000（号）。

(4) 该企业运用提前法编制生产作业计划，优点是（　　）。

A. 可以用来检查零部件生产的成套性

B. 生产任务可以自动修改

C. 提高生产质量

D. 各个车间可以平衡地编制作业计划

[解析] 本题考点为提前期法的优点。提前期法的优点包括：①检测生产的零部件的成套性；②可以平衡地编制作业计划；③自动预计本月任务完成情况；④自动修改生产任务。

答案：1.A　2.A　3.A　4.D　5.D C B A　6.C B D ABD

考点4 生产控制和生产作业控制 ☆☆

一、生产控制概述

（一）生产控制的目的
生产控制的目的是提高企业生产管理的有效性。

（二）生产控制的过程
（1）确定控制标准。
①分解法，即把企业层的总指标分解为一个个的小指标，作为每一个单元的控制目标。
②定额法，即为生产过程中的一些消耗规定标准，主要包括材料消耗定额和劳动消耗定额。
③标准化法，即引用权威机构制定的标准，如国际标准、国家标准、部颁标准以及行业标准等。
④类比法，即参照同行业的先进水平或者本企业的历史水平来制定标准。

（2）检查实际情况。
将实际值与目标值进行比较，找出偏差。偏差分为正偏差和负偏差，具体内容见表5-2。

表5-2 偏差类型

项目	正偏差（目标值＞实际值）	负偏差（目标值＜实际值）
产量/劳动率/利润	不达标	达标
成本/工时消耗	达标	不达标

（3）对控制方案进行决策。
（4）实施控制的方案。

（三）生产控制的方式

1. 事前控制方式
事前控制的控制重点在影响因素的预测上。

2. 事中控制方式
事中控制的重点是目前正在进行的生产过程。其优点为：实时控制。其缺点为：控制费用高。

3. 事后控制方式
事后控制具有反馈控制的特点。其优点为：控制量小，方法简单，费用低。其缺点为：本期的损失无法挽回。

二、生产作业控制概述
生产作业控制包括在制品控制、库存控制、生产调度控制和生产进度控制四个方面的内容。

（一）在制品控制

1. 在制品的类型
根据所处的不同工艺阶段，在制品可以分为入库前产品、车间在制品、毛坯和半成品。

2. 在制品定额

在制品定额是指一定生产技术条件下，为了保证生产和数量上的衔接，所必需的最低限度的在制品储备量。一定数量的在制品储备，是保证生产能够连续进行的必要条件。

3. 在制品控制的作用

在制品控制可以提高资金周转速率，缩短生产周期，提高经济效益。

（二）库存控制

1. 区分库存成本类型

（1）订货成本。订货成本是指每次订购物料所需费用。

（2）仓储成本。仓储成本是指维持库存物料所需花费。

（3）机会成本。机会成本包括缺货带来的损失和因物料占用资金而无法将该笔资金转作他用的成本。

2. 库存数量的控制

（1）库存数量小的问题。库存数量过小会导致以下问题：①造成服务水平的下降；②使订货次数增加，订货成本提高；③造成原物料供应不足，影响生产正常进行；④影响生产均衡性和装配时的成套性。

（2）库存数量大的问题。库存数量过大会导致以下问题：①流动资金被大量占用，造成资金呆滞；②企业资源被大量闲置；③增加了仓库面积以及库存保管费用；④增加了产品的有形损耗和无形损耗；⑤掩盖了企业的各种矛盾和问题。

3. 库存数量控制方法

（1）帕累托法（又称 ABC 分类法）是根据库存的产品品种占有率和资金占有率两个标准，把企业的库存类型分成了 A、B、C 三种类型，具体内容见表 5-3。

表 5-3 帕累托法（ABC 分类法）

项目	A 类	B 类	C 类
产品品种占有率	5%～10%	20%	70%
资金占有率	70%	20%	10%

（2）定期控制法（订货间隔期法）。企业每隔一个固定的周期去订货，订货量需要根据剩余库存量确定，所以每次的订货量不是固定值，即定时不定量。

（3）定量控制法（订货点法）。企业在库存量达到一个固定值（订货点）时，预示企业需要订货，订货的数量是固定的，但订货时间不固定，即定量不定时。

（三）生产调度控制

1. 生产调度的组织形式

（1）中小企业调度，包括厂部、车间两个级别调度。

（2）大中型企业调度，包括厂级、车间、工段三个级别调度。

2. 生产调度的依据

生产调度以生产进度计划为依据进行调度。

(四) 生产进度控制

1. 生产进度控制的内容

生产进度控制包括投入进度控制、出产进度控制、工序进度控制三个方面。

2. 生产进度控制的目标

生产进度管理的目标是准时生产。

3. 生产进度控制的目的

生产进度管理的目的是保证产品能准时装配出厂。

> 典型例题

1. [单项选择题] 下列生产指标中，当期实际成果与计划目标之间出现负偏差时，需要重点加以生产控制的是（　　）。

A. 利润　　　　　B. 成本　　　　　C. 劳动生产率　　　　　D. 产量

[解析] 本题考点为负偏差。根据题目信息"负偏差""加以生产控制"可知，考查的是哪种项目在出现"目标值＜实际值"时，表示不达标，需要控制。A、C、D三项在出现"目标值＜实际值"时，均属于达标状态，不需要控制，故本题正确答案为B项。

2. [单项选择题] 下列生产控制方式中，将控制重点放在生产前的计划与执行中有关影响因素预测上面的是（　　）。

A. 事后控制方式　　　　　　　　　　B. 全员控制方式

C. 事前控制方式　　　　　　　　　　D. 事中控制方式

[解析] 本题考点为事前控制。事前控制将控制重点放在生产前的计划与执行中有关影响因素预测上面。

3. [单项选择题] 下列零部件和产品中，不属于在制品的是（　　）。

A. 半成品　　　　　　　　　　　　　B. 办完入库手续的成品

C. 毛坯　　　　　　　　　　　　　　D. 入库前成品

[解析] 本题考点为在制品的分类。根据所处的不同工艺阶段，在制品可以分为入库前产品、车间在制品、毛坯和半成品。

4. [单项选择题] 库存不足带来的缺货损失属于（　　）。

A. 仓储成本　　　　B. 订货成本　　　　C. 机会成本　　　　D. 存储成本

[解析] 本题考点为机会成本。机会成本包括两个内容，其一是库存不够带来的缺货损失，其二是物料本身占用一定资金，企业会失去将这部分资金改作他用的机会，由此给企业造成损失，故C项正确。

5. [单项选择题] 企业库存量过大会导致（　　）。

A. 流动资金被大量占用　　　　　　　B. 生产系统原材料供应不足

C. 销售量下降　　　　　　　　　　　D. 订货次数增加

[解析] 本题考点为库存过大的问题。库存量过大会导致：流动资金被大量占用，造成资金呆滞；企业资源的大量闲置；增加了仓库面积和库存保管费用；增加了产品的有形损耗和无

形损耗；掩盖了企业的各种矛盾和问题。

6. [单项选择题] 关于库存控制方法的说法，正确的是（　　）。

A. 定量控制法要求企业随机向供货商发出固定批量的订货请求

B. 定量控制法要求企业在库存量达到某一预定数值（订货点）时，即向供货商发出不固定批量的订货请求

C. 定期控制法要求企业每隔一个固定的间隔周期向供货商发出不固定批量的订货请求

D. 定期控制法要求企业每隔一个固定的间隔周期向供货商发出固定批量的订货请求

[解析] 本题考点为定量控制法和定期控制法。定量控制是企业在库存量达到某一预定数值（订货点）时，即向供货商发出固定批量的订货请求；定期控制法是以定期检查盘点和固定订购周期为基础的一种库存量控制方法。

7. [单项选择题] 企业生产调度的依据是（　　）。

A. 销售计划　　　　B. 生产进度计划　　　C. 产品研发计划　　　D. 产品产出计划

[解析] 本题考点为生产调度的依据。生产调度是组织执行生产进度计划的工作，对生产计划的监督、检查和控制，发现偏差及时调整的过程。生产调度的依据是生产进度计划。

8. [多项选择题] 下列属于生产进度控制的内容的有（　　）。

A. 投入进度控制　　　B. 工序进度控制　　　C. 出产进度控制　　　D. 运输进度控制

E. 物料进度控制

[解析] 本题考点为生产进度控制的内容。生产进度控制的三个方面：投入进度控制、工序进度控制和出产进度控制。

答案：1.B　2.C　3.B　4.C　5.A　6.C　7.B　8.ABC

考点5　不同类型企业的期量标准 ☆

一、单件小批生产企业的期量标准

单件小批生产企业的期量标准包括生产周期和生产提前期两种标准。

二、成批轮番生产企业的期量标准

（1）生产周期。生产周期是指产品从开始投产至产出的时间分隔。

（2）生产间隔期。生产间隔期是在稳定的成批生产条件下，前后两批同种产品投入（或出产）相隔的时间。其涉及的公式包括：

$$批量 = 生产间隔期 \times 平均日产量$$
$$生产间隔期 = 批量 \div 平均日产量$$

（3）生产提前期。生产提前期是指产品或零件在加工阶段比完工出产阶段提前的时间。

（4）批量。批量是指企业加工或生产一批产品的数量。

三、大批大量生产企业的期量标准

（1）流水线的标准工作指示图表。流水线的标准工作指示图表是一种表明流水线内各工作

地,在正常条件下的劳动组织方式和具体工作制度的图表。

(2) 在制品定额。在制品定额是指在一定条件下,企业为了保证生产数量的衔接所需要的最低数量的在制品。

(3) 节奏。节奏是指企业中紧邻的两批产品的投入或出产的时间间隔。

(4) 节拍。节拍是指企业中紧邻的两个产品的投入或出产的时间间隔。

> 典型例题

1. [单项选择题] 一批产品或零件从投入到产出的时间间隔称为( )。
A. 生产准备期　　　B. 生产提前期　　　C. 生产周期　　　D. 生产间隔期
[解析] 本题考点为生产周期的定义。一批产品或零件从投入到产出的时间间隔称为生产周期。

2. [单项选择题] 某企业成批轮番生产一种零件,生产批量为200件,平均日产量为40件,该企业这种零件的生产间隔期是( )天。
A. 5　　　　　　　B. 15　　　　　　　C. 20　　　　　　D. 160
[解析] 本题考点为生产间隔期的公式。根据公式,生产间隔期=批量÷平均日产量=200÷40=5(天)。

3. [单项选择题] 节拍作为生产企业的一种期量标准,适用于( )生产类型的企业。
A. 单件　　　　　　　　　　　　　B. 小批量流水线
C. 成批轮番　　　　　　　　　　　D. 大批量流水线
[解析] 本题考点为大批大量生产企业的期量标准。大批大量生产企业的期量标准有:节拍、节奏、流水线的标准工作指示图表、在制品定额等。

4. [多项选择题] 适用于成批轮番生产企业的期量标准有( )。
A. 批量　　　　　　B. 生产周期　　　C. 生产提前期　　D. 节拍
E. 生产间隔期
[解析] 本题考点为成批轮番生产企业的期量标准。成批轮番生产企业的期量标准包括批量、生产周期、生产提前期、生产间隔期。

答案: 1. C　2. A　3. D　4. ABCE

考点6　现代生产方法 ☆☆

一、精益生产管理

精益生产管理源自丰田生产方式,是一种精益化的生产管理方式,体现了"精益思想",其核心是不断消除浪费。

精益管理的目标为:让顾客满意的同时,把浪费降到最低。精益生产管理的具体目标包括效率、成本、交货期、安全、士气、质量等方面。

精益思想的基本原则包括:正确定义价值、识别价值流、流动、拉动、追求尽善尽美。

二、丰田精益生产方式

丰田精益生产方式是丰田公司创立的。其最基本的理念是从顾客的需求出发,杜绝浪费一切资源。

丰田精益生产方式具体的手段和思想包括以下内容：

（1）自动化和准时化。自动化和准时化是贯穿丰田精益生产方式的两大支柱。

（2）标准化的作业方式。

（3）拥有多技能的综合性作业员。

（4）看板管理工具。看板的功能包括：①改善的工具；②显示生产以及运送的工作指令；③防止过量生产和过量运送；④进行"目视管理"的工具。

（5）全面质量管理的应用。

（6）全员参加的现场改善活动。

三、ERP方法

ERP（企业资源计划）包括生产控制模块、财务管理模块、人力资源模块、物流管理模块四种类型。

（1）生产控制模块。生产控制模块是ERP的核心模块，包括物料需求计划、能力需求计划、主生产计划、制造标准、生产现场控制等。

（2）财务管理模块。财务管理模块包括财务管理和会计核算。

（3）人力资源模块。人力资源模块主要包括人力资源规划的相关内容。

（4）物流管理模块。物流管理模块包括采购管理、库存控制、分销管理三个部分。

四、MRP方法

MRP（物料需求计划）包括物料清单、主生产计划、库存处理信息三个部分。

（1）物料清单，又称产品结构文件，反映了产品的组成结构层级，以及每一层级下组成部分的需求量。

（2）主生产计划，又称产品出产计划，由备件需求、客户订单、销售预测决定。

（3）库存处理信息，又称库存状态文件，它记载着产品及零部件的库存状况。

五、MRPⅡ方法

MRPⅡ（制造资源计划）包括财务系统、基础数据系统计划和控制的流程系统三个部分。

>> 典型例题

1. [单项选择题] 丰田生产方式的核心是（　　）。

A. 自动化生产　　　　　　　　　　　　B. 准时化生产

C. 标准化生产　　　　　　　　　　　　D. 柔性化生产

[解析] 本题考点为丰田生产方法相关内容。丰田生产方式的核心是准时化生产。

2. [多项选择题] 在丰田生产方式中，看板的功能主要包括（　　）。

A. 提升员工满意度

B. 实施"目视管理"

C. 防止过量运送

D. 防止过量生产

E. 显示生产以及运送的工作指令

[解析] 本题考点为看板的功能。看板的功能包括：①改善生产效率的工具；②生产和运送准确数量的产品，防止过量化；③利用看板，进行"目视管理"；④看板可以显示工作指令。

3. [单项选择题] 在丰田生产管理方式中，对各道工序生产活动有效控制的手段是（ ）。

A. 准时化   B. 自动化

C. 看板管理   D. 标准化工作

[解析] 本题考点为看板管理。看板管理是对生产过程中各道工序生产活动进行控制的信息系统。

4. [多项选择题] 制造资源计划（MRPⅡ）系统结构主要包括（ ）。

A. 供应链管理系统

B. 计划和控制的流程系统

C. 基础数据系统

D. 电子商务系统

E. 财务系统

[解析] 本题考点为制造资源计划（MRPⅡ）的结构。制造资源计划包括计划和控制的流程系统、基础数据系统和财务系统。

5. [多项选择题] 精益思想强调的基本原则有（ ）。

A. 系统思考   B. 拉动

C. 识别价值流   D. 正确定义价值

E. 流动

[解析] 本题考点为精益思想的基本原则。精益思想强调以下五项基本原则：①正确定义价值；②识别价值流；③流动；④拉动；⑤追求尽善尽美。

答案：1. B 2. BCDE 3. C 4. BCE 5. BCDE

第六章 物流管理

📖 **大纲再现**

1. 理解物流概念、功能和物流管理概念，明确物流管理的目标。
2. 进行企业采购与供应物流管理，清晰企业生产物流管理的目标和流程。
3. 区分企业生产物流的类型和方式。
4. 理解企业仓储管理的功能、内容及主要任务，理解企业仓储管理的主要业务，区分库存的类型，进行企业库存管理。
5. 理解企业销售物流的特征，开展企业销售物流的管理。

大纲解读

本章历年考试分值在10分左右，常考题型包括单项选择题和多项选择题。

本章是比较简单的章节，与现实生活联系比较紧密，容易理解和记忆。本章主要内容包括采购物流、生产物流、仓储管理和销售物流。其中，单项选择题在历年真题中有一定的重复率，需要重点关注；多项选择题以记忆型题目为主，要求加强记忆相关知识点。

知识脉络 ▶

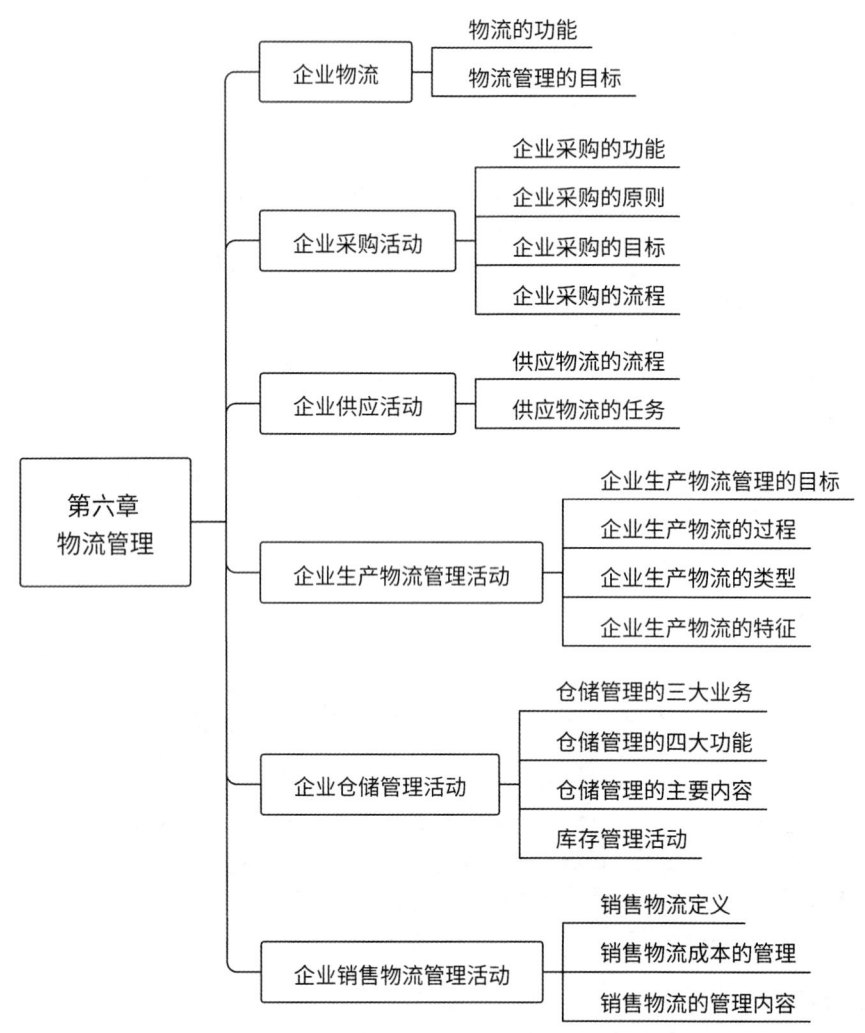

考点1 企业物流 ☆

一、物流的功能

（一）运输

运输就是对物品进行的空间移动。

（二）装卸搬运

装卸搬运是指改变存放物品的空间位置，包括卸下、装上、入库和出库等。

（三）流通加工

在物品流通的过程中对相关物品进行进一步的加工，例如刷标记、拴牌子、配货、贴标签、分类、拣选、混装、定量化小包装、袋装等。外延流通加工的活动包括折弯、组装、改装、剪断、打孔、配套和混凝土搅拌等。

（四）物流信息

物流信息贯穿于物流活动的各个环节。物流信息有三个层次：作业层、控制层、管理层。

（五）包装

包装是社会物流的起点，也是生产物流的终点。包装的材料分为包装主要材料和包装辅助材料两种类型。

(1) 包装主要材料，包括纸和纸板、木制容器、金属容器、塑料制品。

(2) 包装辅助材料，包括捆扎材料、黏合剂、黏合带。

（六）仓储

(1) 仓储的功能，包括以下内容：流通加工和配送；存储和保管；调节运输能力大小；调节供需量大小。

(2) 仓储的作用，仓储在物流活动中起着平衡、调节和缓冲的作用。

（七）配送

配送活动具有存储的功能。

二、物流管理的目标

（一）最小变异

企业在进行物流管理的过程中，争取把物流活动中的损失即变异降到最低。

（二）最低库存

企业为了降低库存成本，需要把库存量维持在顾客需要的水平上。

（三）快速反应

对于顾客的需求，企业需要快速准确的反应，例如可以使用电子处理系统来处理订单。

（四）物流质量

目前，"零缺陷"的服务标准是很多企业追求的目标，目的就是提高企业的物流质量。

（五）整合运输与配送

企业需要优化运输网络和运输工具的使用，尽量降低运输和配送成本。

（六）产品生命周期不同阶段的物流目标

（1）产品介绍期阶段。企业物流的目标是高度的产品可得性与物流的灵活性。

（2）产品成长期阶段。企业物流的目标是销售量剧增，平衡的服务与成本绩效。

（3）产品成熟期阶段。企业物流的目标是调整多重销售渠道，满足不同的服务需求。

（4）产品衰退期阶段。企业物流的目标是可以选择继续物流活动，也可以选择有限配送来降低物流风险。

》 典型例题

1. [单项选择题] 下列物品中，属于包装用辅助材料的是（　　）。

A. 纸板　　　　　　B. 塑料袋　　　　　　C. 打包带　　　　　　D. 铁桶

[解析] 本题考点为包装材料。包装材料的类型包括主要材料和辅助材料。其中，包装主要材料包括纸和纸板、木制容器、金属容器和塑料制品；辅助材料包括捆扎材料、黏合剂、黏合带。

2. [单项选择题] 当产品销售量剧增，物流活动以综合考量服务和成本为重点时，产品所处的生命周期阶段是（　　）。

A. 介绍阶段　　　　　　　　　　　　　B. 成长阶段

C. 成熟阶段　　　　　　　　　　　　　D. 衰退阶段

[解析] 本题考点为产品生命周期不同阶段的物流目标。其中，在产品生命周期的成长阶段，产品取得了一定程度的市场认可，销售量剧增，物流活动的重点从不惜代价提供所需服务转变为平衡的服务和成本绩效。根据题意，产品所处的生命周期阶段为成长阶段。

答案：1.C　2.B

考点2　企业采购活动 ☆☆☆

一、企业采购的功能

（一）控制产品质量

原材料的质量直接决定了产品的质量，所以企业在采购原材料的过程中可以通过控制原材料的质量控制产品的质量。

（二）促进新产品研发

新产品的研发离不开新材料的应用，所以企业在采购中可以通过采购新材料促进新产品的生产。

（三）控制生产供应

企业采购的数量要以合理生产为标准。采购数量太多，会造成库存压力增加；采购数量太少，则造成生产中断的问题，所以采购的数量要合理。

（四）控制产品的生产成本

企业采购成本是产品生产成本的重要组成部分，所以控制好采购成本，产品的生产成本也就得到了控制。

二、企业采购的原则

(1) 恰当的时间。企业采购要在适当的时间，不能采购得太早，也不能采购得太晚。

(2) 恰当的地点。企业采购的地点离企业越近越好，费用也越低。

(3) 恰当的数量。企业采购的数量不是越多越好，也不是越少越好，要确定适当的采购数量。

(4) 恰当的价格。企业采购的价格不是越低越好，一定要符合企业自身的产品定位。

(5) 恰当的品质。企业采购要追求最合适的品质，不能一味追求最好的品质。

三、企业采购的目标

(一) 总目标

企业采购的总目标是以最低的总成本获得企业需要的物品和服务。

(二) 基本目标

(1) 保证生产所需的物资，这是企业采购的最基本目标。

(2) 开发和维护竞争力强的供应商。

(3) 保证采购物资的质量水平。

(4) 降低存货投资及损失。

(5) 确保采购质量的同时，降低采购的成本。

(6) 维护好企业内部和企业外部的关系。

四、企业采购的流程

企业采购包括以下七个步骤：提出采购申请→选择供应商→进行采购谈判→签发采购订单→跟踪订单→物料验收→付款及评价。

>> 典型例题

1. [单项选择题] 控制采购的原材料及零部件的采购价格，是企业生产过程中的重要环节。这说明企业采购具有（　　）功能。

A. 生产成本控制　　　　　　　　B. 生产调度控制

C. 产品质量控制　　　　　　　　D. 促进新产品开发

[解析] 本题考点为企业采购的功能。控制原材料和零部件的价格，可直接影响到产品的成本，所以说明采购具有生产成本控制的功能。

2. [多项选择题] 下列目标中，属于企业采购管理基本目标的有（　　）。

A. 确保生产经营的物资需要

B. 增加存货投资和降低存货损失

C. 保证并提高采购物品的质量

D. 发现和发展有竞争力的供应商

E. 有效降低采购成本

[解析] 本题考点为企业采购管理的基本目标。企业采购管理的基本目标包括：①确保生

产所需的物资;②开发和维护竞争力强的供应商;③确保采购物资的质量水平;④降低存货投资及损失;⑤确保采购质量的同时,降低采购的成本;⑥维护企业内部和企业外部的关系。

3.[单项选择题]供应商依照订单约定的运输方式,将物料送至采购方指定的地点后,采购方应进行的工作是( )。

A. 签发采购订单　　　　　　　　B. 进行采购谈判

C. 提出采购申请　　　　　　　　D. 组织物料验收

[解析]本题考点为采购物流的业务流程。其步骤为:提出采购申请→选择供应商→进行采购谈判→签发采购订单→跟踪订单→物料验收→付款及评价。因此,物料送达采购地点后,采购方应该组织物料验收。

答案:1. A　2. ACDE　3. D

考点3　企业供应活动 ☆

一、供应物流的流程

(1) 获得资源的物流活动。

(2) 组织资源到达工厂的物流活动。

(3) 组织工厂内资源的物流活动。

二、供应物流的任务

企业保证在适当的时间,用适当的价格获取适当数量的物资。

考点4　企业生产物流管理活动 ☆☆

一、企业生产物流管理的目标

(1) 适应性目标。适应性目标是指有效减少物料的损失,防止生产过程中的意外事故发生。

(2) 经济性目标。经济性目标是指缩短搬运的距离,降低装运的频率,减少生产物流费用。

(3) 效率性目标。效率性目标是指为了保证生产物流的高效率和连续性效果,需要为产品提供顺畅的物流流转渠道。

二、企业生产物流的过程

企业生产物流的过程包括三个步骤:原料投入、生产转换和成品产出。

三、企业生产物流的类型

(一) 根据工艺过程的特点分类

(1) 离散型生产物流,指物料分散的运动最后形成产品。例如计算机、飞机、轮船等。

(2) 连续型生产物流,指物料均匀、连续地按顺序运动,不断改变形态和性能,最后形成产品。产品的生产过程自动化程度比较高,例如饮料、牛奶等。

(二) 根据生产专业化程度分类

(1) 单件生产，其特点是重复度低、种类繁多。

(2) 成批生产，其特点是有一定批量，可以分为小批生产、中批生产和大批生产，而且品种有一定重复性。

(3) 大量生产，其特点是重复度高、品种单一、产量大。

(三) 根据物料流经的区域分类

(1) 工序间物流，指生产中车间、仓库之间各工序和工位上的物流，也叫作车间物流。

(2) 工厂间物流，指在不同专业厂间的物流。

(四) 根据不同生产模式分类

(1) 多品种小批量生产模式（精益生产模式）。

①拉动式模式，其特点是：追求零库存状态；把计算机和看板结合；以用户的需求为生产起点；把库存当成浪费。

②推进式模式，其特点是：以物料为中心，有一定的在制品库存；运用计算机管理生产；围绕物料转化组织制造资源。

(2) 作坊式手工生产。这是一种主要靠劳动者的经验、技术进行生产的模式。

(3) 大批量生产模式。该模式的特点是产量大、品种少、重复度高。

四、企业生产物流的特征

(一) 单件小批量生产企业

(1) 生产特点。单件小批量生产企业的生产特点是品种多和重复度低。

(2) 生产物流特征。①生产重复低；②与供应商的关系不稳定；③耗费的物料只能粗略计算，而且采购比较难以控制。

(二) 单一品种大批量生产企业

(1) 生产特点。单一品种大批量生产企业的生产特点是品种单一、重复度高、产量大。

(2) 生产物流特征。①与供应商的关系稳定；②耗费的物料能准确制定；③容易制定物料需求计划和控制采购物流；④具有先进的技术设备，所以劳动生产率得到了提高。

(三) 多品种小批量生产企业

(1) 生产特点。多品种小批量生产企业的生产特点是有多个品种、每种有一定的批量、生产有一定的重复性。

(2) 生产物流特征。①使用 MRP 和 JIT 技术；②采用混流生产；③对供应商要求较高，对外部物流的协调很难控制；④物料的消耗额度容易确定，成本容易降低。

(四) 多品种大批量生产企业

(1) 生产特点。多品种大批量生产企业的特点是将客户的个性化和大批量生产进行了有机结合。

(2) 生产物流特征。①满足客户的个性化需求；②基型产品的物料需求容易制定；③需要全程物流支持的供应链网络；④可以满足小批量客户或单个客户的需求。

（五）项目型生产特点及生产物流特征

（1）生产特点。其生产特点包括适应性强、一次性生产、原料投入量大、物料流动性不强。

（2）生产物流特征。①原料的物流量比较大；②供应商种类多，外部物流不容易控制；③物料和产品存在对应关系；④加工路线变化很大，场地方向不确定，工序间的联系无规律性。

>> 典型例题

1. [单项选择题] 企业在生产过程中，要为产品提供通畅的物料流转渠道，以保证生产物流的连续性，这体现了生产物流管理的（　　）。

A. 开放性目标　　　　　　　　　　B. 适应性目标

C. 效率性目标　　　　　　　　　　D. 稳定性目标

[解析] 本题考点为企业生产物流管理的目标。其中，效率性目标是指为产品提供通畅的物料流转渠道，以保证生产物流的连续性。

2. [单项选择题] 根据物料在生产工艺过程中的流动特点，企业生产物流可以分为（　　）。

A. 工厂间物流和工序间物流

B. 单件生产物流和成批生产物流

C. 连续型生产物流和离散型生产物流

D. 大量生产物流和单件生产物流

[解析] 本题考点为企业生产物流的分类。按照物料在生产工艺过程中的流动特点，企业生产物流分为连续型和离散型两种类型。

3. [单项选择题] 关于企业生产物流的说法，错误的是（　　）。

A. 企业生产物流按工艺过程特点可分为连续型生产物流和离散型生产物流

B. 工序间物流指的是生产过程中各工序之间的物流

C. 离散型生产物流指物料分散的运动，最后形成产品

D. 企业生产物流按物料流经的区域可分为车间物流和工序间物流

[解析] 本题考点为企业生产物流的分类。按照物料流经的区域，企业生产物流可以分为工厂间物流和工序间物流。

4. [单项选择题] 关于精益生产模式下推进式企业生产物流管理模式特点的说法，正确的是（　　）。

A. 在生产物流计划编制和控制上，围绕物料转化组织制造资源

B. 以最终用户的需求为生产起点，拉动生产系统各生产环节对生产物料的需求

C. 将生产中的一切库存视为"浪费"，并认为库存掩盖了生产系统中的缺陷

D. 在生产的组织上，由看板传递后道工序对前道工序的需求信息

[解析] 本题考点为推进式模式的特点。推进式模式的特点包括：①以物料为中心，有一定的在制品库存；②运用计算机管理生产；③围绕物料转化组织制造资源。B、C、D三项属于拉动式模式的特点。

5. [单项选择题] 关于单一品种大批量型生产物流特征的说法，正确的是（　　）。

A. 生产过程对物料很难控制

B. 生产过程中采购物流不易控制

C. 生产过程中只能粗略估计物料消耗的定额

D. 生产重复程度高，容易制定相关的物料需求计划

[解析] 本题考点为单一品种大批量生产物流的特征。A项说法错误，生产过程对物料容易控制；B项说法错误，生产过程中采购物流容易控制；C项说法错误，消耗的物料能准确控制；D项说法正确，生产重复程度高，容易制定相关的物料需求计划。

6. [单项选择题] 多品种小批量型生产的特征之一是（　　）。

A. 生产重复程度极高　　　　　　　　B. 生产过程组织一般采用混流生产

C. 物料的消耗定额可以准确制定　　　D. 外部物流的协调比较容易

[解析] 本题考点为多品种小批量的生产物流的特征。其包括：①物料被加工的重复度介于单件生产和大量生产之间，一般采用混流生产；②使用MRP实现物料相关需求的计划，以JIT实现客户个性化特征对生产过程中物料、零部件、成品的拉动需求；③由于产品设计和工艺设计采用并行工程处理，物料的消耗定额很容易确定，成本很容易降低；④由于生产品种的多样性，对制造过程中物料的供应商有较强的选择要求，外部物流的协调性很难控制。

答案：1.C　2.C　3.D　4.A　5.D　6.B

考点5　企业仓储管理活动☆

一、仓储管理的三大业务

（一）入库业务

入库业务的流程：入库前准备→接运→验收→入库→办理手续。

（二）保管业务

仓储管理中的保管业务内容见表6-1。

表6-1　保管业务内容

项目	具体内容
保管原则	科学合理、效率原则、质量第一、预防为主
货物保管方式	散堆方式：把无包装的散货以货堆的方式放在仓库或露天货场上。例如煤炭、海盐、散粮
	垛堆方式：利用货物的形状或其包装的形状进行堆码。例如木材、钢材和用桶、筐、箱、袋装的货物
	成组方式：用托盘、网绳等工具将货物组成一组
	货架方式：用专用的货架把货物进行堆码。例如绸缎、医药、小百货、小五金等
货物的检查	质量检查、安全检查、数量检查、保管条件检查

（三）出库业务

出库业务的流程包括：查验仓单→核对信息、登记账目→配置和配备货物→再次复查→交接→填好账单并销账。

二、仓储管理的四大功能

（一）调节运输量大小的功能

不同运输工具的运输能力是不一样的，仓储可以调节不同运输工具之间运输能力的问题。

（二）流通加工和配送的功能

仓储不仅可以保管货物，还可以对物资进行加工和配送。

（三）调节供给需求数量的功能

当市场上供给和需求的数量不平衡时，可以用仓储物资来进行调节。当供大于求时，可以把多余的物资放到仓库中；当供小于求时，可以把仓库中的物资拿到市场上销售。

（四）调节价格的功能

仓储具有供需调节的作用，所以对于季节性很强的产品，比如农作物产品等，可以保证供给和需求大致平衡，那么价格也是相对稳定的。如果没有仓储，那么类似于农作物的产品会在收获的季节价格暴跌，在非收获的季节价格上涨。

三、仓储管理的主要内容

（一）仓库的管理内容

仓库的管理包括仓库的业务管理、库存管理、选址与建筑、机械作业的选择和配置等内容。

（二）仓储管理的主要任务

(1) 做好仓库中的物资保管工作。
(2) 储备材料的数量要保持在合理的水平上。
(3) 合理规划和利用仓储设施。
(4) 有效降低物料的成本。
(5) 确保物资的安全，做好防火防盗等工作。
(6) 提高仓储员工的业务水平。

四、库存管理活动

（一）库存的类型

根据不同标准，库存可以分为不同的类型，见表6-2。

表6-2 库存的类型

分类标准	类型
根据生产过程的阶段不同划分	成品库存、半成品库存、零部件库存、原材料库存
根据经济用途不同划分	制造业库存、商品库存、其他库存
根据存放地点不同划分	委托加工库存、委托代销库存、库存存货、在途库存

续表

分类标准	类型
根据库存目的不同划分	安全库存：因不确定因素（如交货期突然延期、大量的突发性订货）的存在而准备的库存
	季节性库存：因季节的特定需要或者季节性的原料而准备的库存
	经常性库存：企业为了满足日常需要而准备的库存
	生产加工和运输过程的库存：为生产加工需要或者正处于运输状态的物品准备的库存

（二）库存数量管理

企业中库存数量的大小问题一般通过经济订货批量模型来解决。基本经济订货批量模型的公式为：

$$经济订货批量\ EOQ = \sqrt{\frac{2Dc_0}{c_1}} = \sqrt{\frac{2Dc_0}{PH}}$$

式中，D 为货物的年需求量，c_0 为单次订货费，c_1 为单位货物单位时间的保管费，P 为货物单价，H 为单位保管费费率。

>> 典型例题

1. [单项选择题] 大量无包装海盐的最佳库存方式是（　　）。

A. 货架堆放　　　　　　　　　　B. 散堆

C. 成组堆放　　　　　　　　　　D. 垛堆

[解析] 本题考点为存货的保管方式。煤炭、海盐、散粮适合散堆的方式。

2. [单项选择题] 农产品仓储使消费者可以在任何季节都能以差距不大的价格购买到农产品。这主要体现了仓储管理的（　　）功能。

A. 供需调节

B. 价格调节

C. 货物运输能力调节

D. 配送与流通加工

[解析] 本题考点为仓储的价格调节功能。仓储具有供需调节的作用，所以对于季节性很强的产品，比如农作物产品等，可以保证供给和需求大致平衡，那么价格也是相对稳定的。在这一过程中，仓储便起到了价格调节的功能。

3. [多项选择题] 企业仓储管理的主要任务有（　　）。

A. 提高库存量

B. 合理储备材料

C. 合理规划仓储设施

D. 确保仓储物资安全

E. 降低物料成本

[解析] 本题考点为企业仓储管理的主要任务。企业仓储管理的主要任务包括：①做好仓

库中的物资保管工作；②仓库中储备材料的数量要合理；③合理规划和利用仓储设施；④有效降低物料的成本；⑤确保物资的安全，做好防火防盗等工作；⑥提高仓储员工的业务水平。

4. [单项选择题] 将库存分类为商品库存、制造业库存和其他库存的依据是（ ）。

A. 库存处于生产过程中的不同阶段

B. 库存的经济用途

C. 库存的周转周期

D. 库存存放的地点

[解析] 本题考点为库存的分类。按照库存的经济用途划分，将库存分类为商品库存、制造业库存和其他库存。

5. [单项选择题] 某企业每年需要某种原材料 8 000 吨，单次订货费用为 400 元，每吨原材料年保管费为 160 元，则该企业的经济订货批量为（ ）吨。

A. 150　　　　　　　　　　　　　　　B. 100

C. 200　　　　　　　　　　　　　　　D. 400

[解析] 本题考点为经济订货批量模型的计算。根据经济订货批量模型，代入相关数值得，经济订货批量 $EOQ = \sqrt{\dfrac{2Dc_0}{c_1}} = \sqrt{\dfrac{2 \times 8\,000 \times 400}{160}} = 200$（吨）。

答案：1.B　2.B　3.BCDE　4.B　5.C

考点6　企业销售物流管理活动 ☆☆

一、销售物流定义

销售物流是指企业产品从生产地转移到用户，所经历的时间和空间的变化，企业销售物流的目的是获得销售利润。

二、销售物流成本的管理

（一）销售物流成本定义

销售物流成本是指商品空间位移（包括静止）过程中所有消耗的货币表现。

（二）销售物流成本组成

（1）人力消耗成本。例如员工的基本工资、奖金和福利等。

（2）物流过程中的成本。例如物流过程中的包装成本、运输成本、装卸搬运成本、流通加工成本、仓储成本等。

（3）财务成本。例如保证物流通畅的资金成本、信息成本、管理成本等。

（三）压缩销售物流成本的策略

（1）压缩包装成本：使包装机械化、简单化。

（2）压缩储存成本：合理利用仓库容积。

（3）压缩装卸成本：使用有效工具降低装卸次数等。

（4）压缩运输成本：合理选择运输工具和运输方式，缩短物流途径，提高运输工具满载率，减少运输次数，进行计划运输，设置最低订货量，实施共同运输等。

三、销售物流的管理内容

（一）销售物流的管理目标

（1）维持合理的物流费用。

（2）尽量避免、减少缺货。

（3）保持合理的商品库存，合理设置仓库和配送中心。

（4）使包装、运输、装卸、保管等操作省力。

（5）准确地向顾客发送商品。

（6）使订单到发货的信息情报流通顺畅。

（7）将销售额信息及时反馈给采购部门、生产部门和销售部门。

（二）销售物流的管理过程

销售物流的管理过程包括以下环节：订单管理→产品提货通知单→物流配送单→销售运输→组织配送→退货处理。

（三）销售物流的管理原则

（1）延迟原则。

（2）按照客户特性把客户群体分类。

（3）关注市场需求信息。

（4）设计符合消费者需求和企业现实的物流网络。

（5）和渠道伙伴建立双赢关系。

（6）建设高效率的信息平台。

（7）设置销售物流绩效考核的标准。

（四）销售物流的管理活动

（1）订单管理。订单管理的步骤：订单准备→订单传输→订单录入→订单履行。

（2）产成品包装。包装既是销售物流的起点，也是生产物流的终点。

（3）产成品储存。一般企业都要维持住一定量的库存，以便应对不确定性因素。

（4）装卸、搬运。按照客户的需求选择装卸、搬运的方式。

（5）选择销售物流渠道。根据客户要求、产品因素、市场因素等选择合适的物流渠道。

（6）产品配送。产品配送一般包括两种类型：有加工功能的配送和一般的配送。

（五）销售物流的综合绩效评价指标

企业销售物流综合绩效评价指标包括成本指标、客户满意度评价指标、效率评价指标、风险评价指标。这里重点讲解客户满意度评价指标和效率评价指标。

（1）满意度评价指标。满意度评价指标包括以下六种类型：

①货物发送的正确率＝货物正确送达客户手中的次数/送货总次数。

②客户的投诉率＝投诉的客户数量/客户的总数。

③问题的处理率＝问题得到解决的顾客的数量/出现投诉的顾客的总数。

④货物出现损伤的频率＝1－货物发送的完好率。

⑤完成一次销售的周期和时间＝订货周期＋运输周期＋仓储周期。

⑥货物到达客户手中的及时率＝1－货物没有及时到达客户的次数/送货总次数。

(2) 效率评价指标。效率评价指标包括以下五种类型：

①耗损率＝损耗量/销售物流总完成量。

②经济效率＝销售物流实现利税/销售物流资金占用。

③准确完成物流率＝准确无误完成销售物流量/销售物流总完成量。

④迅速物流及时率＝迅速及时完成销售物流量/销售物流总完成量。

⑤销售物流的合理物流率＝（销售物流总完成量－不合理的物流量）/销售物流总的完成量。

(六) 销售物流的绩效评价原则

(1) 可比性。企业既要在纵向上进行比较，也要在横向上和其他企业进行比较。

(2) 经济性。企业进行销售物流的绩效考核时，要考虑成本和收益的关系。

(3) 整体性。企业的销售物流的绩效评价不仅要考虑局部职能，而且要考虑整体绩效。

(4) 定量与定性相结合。企业进行销售物流的绩效评价，除了采用定性指标，还需要采用定量指标。

>> 典型例题

1. ［单项选择题］ 商品空间位移（包括静止）过程中所有消耗的货币表现称为(　　)。

A. 企业销售物流成本

B. 物流成本率

C. 企业生产物流成本

D. 仓库成本率

［解析］本题考点为销售物流成本的定义。销售物流成本是指商品空间位移（包括静止）过程中所有消耗的货币表现。

2. ［单项选择题］ 下列措施中，能够降低企业销售物流运输成本的是(　　)。

A. 减少库存点

B. 减少装卸次数

C. 设定最低订货量

D. 包装简易化

［解析］本题考点为销售物流运输成本相关内容。其中，降低企业销售物流运输成本的方法有：合理选择运输工具和运输方式，缩短物流途径，提高运输工具满载率，减少运输次数，进行计划运输，设置最低订货量，实施共同运输等。

3. ［单项选择题］ 在企业销售物流的客户满意度评价指标中，客户的投诉率是指(　　)的比值。

A. 投诉的客户数量与客户总数

B. 抱怨的客户数量与未抱怨的客户数量

C. 准确无误完成销售物流量与销售物流总完成量

D. 问题得到解决的顾客数量与出现抱怨的顾客总数

[解析] 本题考点为客户投诉率的公式。客户的投诉率＝投诉的客户数量/客户的总数。所以 A 项符合题意。

4. [单项选择题] 下列指标中，用于评价企业销售物流效率的是（　　）。

A. 客户的抱怨率

B. 销售物流总成本

C. 准确完成物流率

D. 运输装卸费用

[解析] 本题考点为效率评价指标。客户的抱怨率属于客户满意度评价指标，A 项错误。销售物流总成本属于成本指标，B 项错误。准确完成物流率属于销售物流效率指标，C 项正确。运输装卸费用属于销售物流费用，D 项错误。

答案：1. A　2. C　3. A　4. C

第七章

技术创新管理

📖 **大纲再现**
1. 理解技术创新的特点，区分技术创新的类型，理解技术创新的过程与模式。
2. 辨别技术创新战略的类型，选择技术创新的战略，理解知识产权的类型和保护形式，选择恰当的方法实施技术创新决策和技术价值评估。
3. 辨别企业技术创新的内部组织模式和外部组织模式，开展企业的研究与发展管理。
4. 理解管理创新的特点，说明管理创新的主体和动因，区分管理创新的主要阶段和主要领域。

大纲解读

本章历年考试分值在13分或21分左右，常考题型包括单项选择题、多项选择题和案例分析题。

本章是比较重要的章节，考试平均分值比较高，需要加强重视。本章主要介绍了技术创新类型、模式、组织模式、技术贸易等内容。其中，单项选择题以灵活运用型题目为主，需要重点理解相关知识点；多项选择题以记忆型题目为主，要求加强记忆相关知识点；案例分析题考查综合运用能力，要求掌握综合运用技术价值评估的方法。

知识脉络 ▶

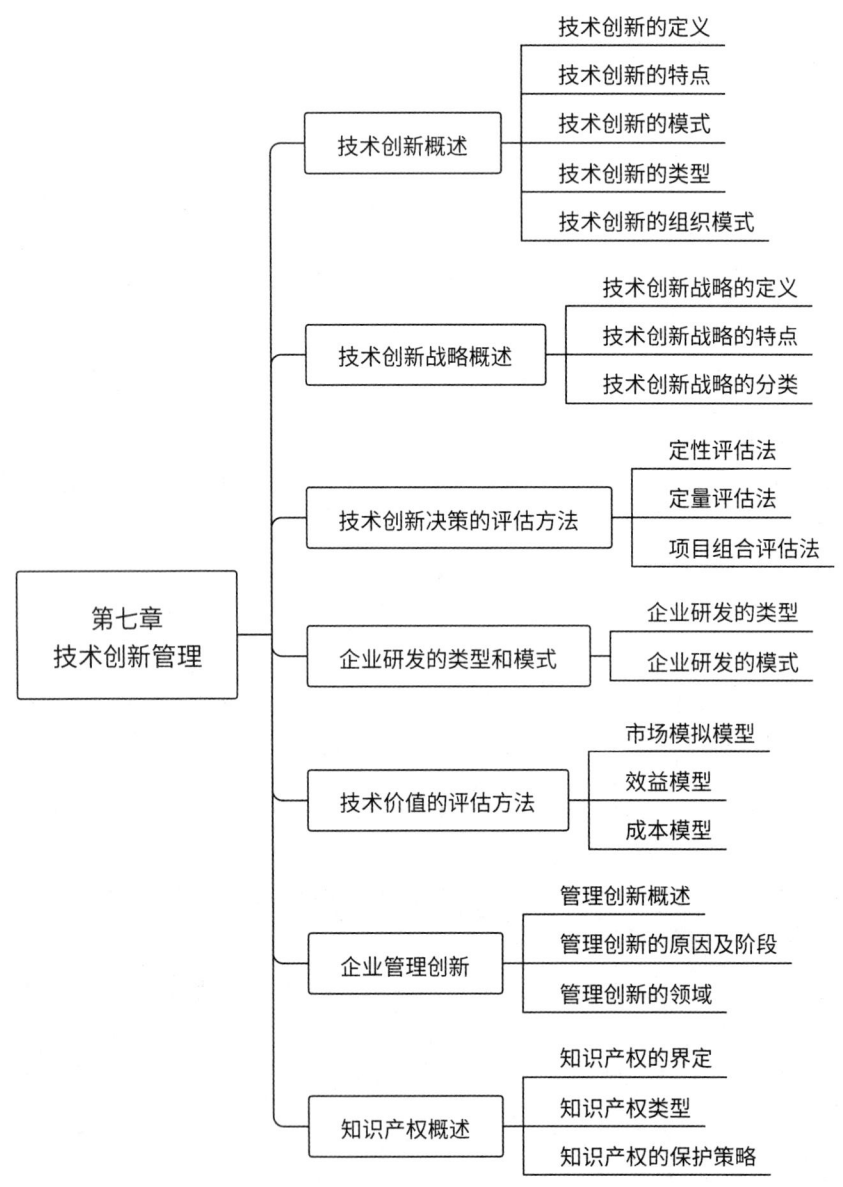

考点1　技术创新概述☆☆☆

一、技术创新的定义

技术创新是指企业家重组生产要素，开发新工艺、新技术、新产品的过程，其主要目的是获取经济利益。

二、技术创新的特点

（一）外部性

外部性是指某件事会对别人产生不利（负外部性）或者有利（正外部性）的影响，技术创新可以促进处于同行业其他企业的技术水平的提高。

（二）风险高

技术创新的成功概率非常低，所以创新风险非常高。

（三）经济行为

技术创新不是一种技术行为，它的目的是获得经济利润，所以技术创新是一种经济行为。

（四）一体化与国际化

技术创新具有产学研一体化的特征，同时技术创新的国际合作趋势也日趋明显。

（五）创新时间有差异性

不同的技术创新所需要的时间不一样，具有差异化的特征。发展性开发一般需要2～3年，应用技术开发一般需要5年左右，基础性开发一般需要8～10年。

三、技术创新的模式

（一）需求拉动创新模式

需求拉动创新模式以消费者需求为出发点，具体见图7-1。

市场需求→应用研究→开发研究→生产制造→市场销售

图7-1　需求拉动创新模式

（二）技术推动创新模式

技术推动创新模式以基础研究为出发点，具体见图7-2。

基础研究→应用研究→研究开发→生产制造→市场销售

图7-2　技术推动创新模式

（三）交互作用创新模式

交互作用创新模式是指技术和需求相互作用进行创新的模式。

（四）系统集成和网络创新模式

系统集成和网络创新模式是一体化的高级发展阶段，技术创新不仅发生在企业内部，企业和其他公司之间也有技术创新的合作。

（五）国家创新体系

在国家创新体系中，技术创新要求把自立自强作为基础，以政府为主导，建设以"企业"

为主体,注重发挥企业家作用的体系。

(六) A—U 过程创新模式

A—U 过程创新模式指出了产品创新和工艺创新在产业生命周期的不同阶段的不同形式,见图 7-3。

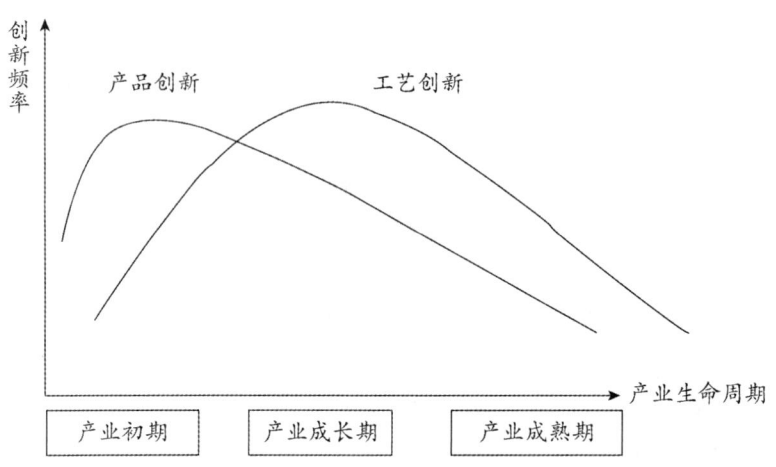

图 7-3 A—U 过程创新模式

(1) 产业初期,即不稳定阶段。工艺创新频率和产品创新频率都呈上升趋势,但产品创新频率大于工艺创新频率。

(2) 产业成长期,即过渡阶段。产品创新逐渐减少,工艺创新则继续上升,且超越产品创新。

(3) 产业成熟期,即稳定阶段。产品创新和工艺创新都表现为下降趋势,但工艺创新频率大于产品创新频率。

四、技术创新的类型

(一) 根据技术创新的新颖度分类

1. 根本性创新

根本性创新是指技术原理有重大发现的技术创新,可以塑造出一个崭新的时代。例如信息技术开创的网络时代,有远程教育、远程医疗、远程控制等。

2. 渐进性创新

渐进性创新是指在技术原理上没有根本性变化,只是对现有技术的完善和改进的创新。例如功能不断扩展的手机等。

(二) 根据创新对象分类

1. 工艺创新

工艺创新是指产品的生产技术变革,也称过程创新,包括新设备、新工艺和新组织管理方式的创新。

2. 产品创新

产品创新指在产品整体概念上的创新,即在功能、形式、服务上的多维交织的组合创新。

（三）根据创新模式分类

1. 引进、消化吸收再创新

引进、消化吸收再创新即消化吸收各种引进的技术资源，完成重大创新，是最常见、最基本的一种创新形式。

2. 集成创新

集成创新是指企业应用已经存在的技术，按照自己的需要进行创新，创造出全新的产品或工艺。

3. 原始创新

原始创新主要集中在前沿技术和基础科学领域，其本质属性是原则性和第一性。

五、技术创新的组织模式

（一）外部组织模式

（1）企业—政府模式，即企业和政府合作。其基本形式有三种：①对于基础设施建设，政府承担资金，企业实施工程；②政府投资，企业研发；③政府给企业创新提供融资支持。

（2）产、学、研联盟模式，即企业和学校、研究机构合作。其基本形式有四种：①校内产学研合作模式，即学校自办企业，自负盈亏；②中介协调合作模式，即企业、学校和中介机构合作；③多向联合体合作模式，即学校、出资方、企业三方进行合作；④双向联合体合作模式，即企业和高校、科研机构进行合作。

（3）企业联盟模式，即企业和其他企业进行合作。其基本形式有三种：①星形模式；②联邦模式；③平行模式。其具体内容见表7-1。

表7-1 企业联盟模式

模式类型	联盟核心	适用情形	联盟伙伴	协调机制
星形模式	有盟主	垂直供应链模式	和供应商固定的伙伴关系	盟主协调
联邦模式	核心团队（由核心企业组成）	快速开发高新产品	技术外包标准件供应	联盟协调委员会协调
平行模式	没有盟主，没有核心	产品联合开发	平等独立	自发协调

（二）内部组织模式

（1）技术创新小组，是指企业临时从相关部门抽调数个专业人员来完成某一个创新项目的组织形式。

（2）内企业，是指企业允许内部员工在一定限度的时间内离开本职岗位，利用公司的物质条件进行创新的形式。内企业最基本的特征是：创新活动范围只能在企业内部，受企业条件限制。

（3）企业技术中心，其在企业中处于中心地位，具有牵头和主导企业科技活动的作用，也称技术研发中心或企业科技中心，适合大中型企业。

（4）新事业发展部，是指企业为了完成某一个项目而单独设立的、固定性的组织形式，其组织成员是从各部门抽调组成的。

> **典型例题**

1. [多项选择题] 关于技术创新的说法,正确的有( )。

A. 不同层次的技术创新所需时间存在差异
B. 技术创新是一种经济行为
C. 技术创新是一项低风险的活动
D. 技术创新表现出明显的国际合作趋势
E. 技术创新具有较强的负外部性

[解析] 本题考点为技术创新的含义。A 项说法正确,不同层次的技术创新所需时间存在差异。B 项说法正确,技术创新是一种经济行为。C 项说法错误,技术创新是一项高风险活动。D 项说法正确,技术创新表现出明显的国际合作趋势。E 项说法错误,技术创新具有正外部性,而不是负外部性。

2. [单项选择题] 在 A—U 过程创新模式中,产品创新逐步减少,工艺创新呈上升趋势并超越产品创新的阶段称为( )。

A. 成熟阶段
B. 衰退阶段
C. 过渡阶段
D. 不稳定阶段

[解析] 本题考点为 A—U 过程创新模式。A—U 过程创新模式分为三个阶段,其中,过渡阶段产品创新逐步减少,工艺创新则继续上升,且超越产品创新。

3. [单项选择题] 为提高产品质量,某公司进行生产技术变革,这属于技术创新中的( )。

A. 工艺创新
B. 原始创新
C. 根本性创新
D. 产品创新

[解析] 本题考点为工艺创新。工艺创新是指产品的生产技术变革。

4. [单项选择题] 为了适应消费者对手机大屏功能的需要,某公司推出 6 英寸手机,全面替代现有的 5 英寸手机,从技术创新对象的角度来看,这种创新属于( )。

A. 集成创新
B. 产品创新
C. 工艺创新
D. 原始创新

[解析] 本题考点为产品创新。该企业推出 6 英寸手机替代 5 英寸手机,即有形产品中的产品外观发生了改变,因此属于产品创新。

5. [单项选择题] 某企业与 30 多家生产商组成联盟,该企业为联盟盟主,负责协调和冲突仲裁,统一计划、管理、调度联盟内的各种资源,这种企业模式属于( )。

A. 星形模式
B. 扁平模式
C. 联邦模式
D. 平行模式

[解析] 本题考点为星形模式。星形模式的特点是在企业联盟中有盟主,若有冲突,盟主负责协调。

6. [单项选择题] 某企业为开发新型产品,从市场部、生产部、研发中心等部门临时抽调 5 人组建创新组织,这种组织属于( )。

A. 内企业家
B. 技术创新小组

C. 新事业发展部　　　　　　　　　　　　D. 企业技术中心

[解析] 本题考点为技术创新小组。技术创新小组即临时从各部门抽调若干专业人员而成立的创新组织。根据题目信息，该企业"临时抽调5人组建创新组织"，可知为技术创新小组。

答案：1.ABD　2.C　3.A　4.B　5.A　6.B

考点2　技术创新战略概述 ☆☆

一、技术创新战略的定义

技术创新战略是指国家或企业为了获得竞争优势，在分析内外环境的基础上，所确立的技术创新的总体规划。

二、技术创新战略的特点

技术创新战略的特点包括长期性、全局性、风险性和层次性。

三、技术创新战略的分类

（一）按照技术来源分类

（1）合作创新战略，是指两个或两个以上的企业为了节约研发费用、缩短开发时间进行的合作研发、共享创新成果的战略。

（2）模仿创新战略，是指企业通过学习模仿成功者的核心技术和技术秘密，并进行适当改进和创新的战略。

（3）自主创新战略，是指企业通过自身的努力突破技术难关，依靠自己的能力完成产品创新、实现利润的战略。

（二）按照竞争地位分类

（1）技术跟随战略，是指企业学习模仿先进者的产品和技术所采用的战略。

（2）技术领先战略，是指企业处于行业领导者的位置，产品和技术都处于行业领先地位所采用的战略。

（3）技术跟随战略和技术领先战略的基本特征对比见表7-2。

表7-2　技术跟随战略和技术领先战略的基本特征对比

特征	技术跟随战略	技术领先战略
市场开发	重新开发细分市场；挤占竞争对手的市场	开发全新市场
投资重点	生产和销售	技术和市场开发
技术来源	模仿创新、技术引进	自主开发
技术开发重点	工艺技术	产品技术

技术跟随战略和技术领先战略的考虑因素对比见表7-3。

表 7-3 技术跟随战略和技术领先战略的考虑因素对比

考虑因素	技术跟随战略	技术领先战略
优势方面	生产销售能力	技术研发能力
风险与收益	风险小，收益小	风险大，投资大，收益大
领先的持久性	与领先者有差距	具备持续开发能力，领先的持久性强

(三) 按照行为方式分类

(1) 切入型战略（游击型战略）。该战略的特点是企业在市场中不断寻找机会，从"市场缝隙"中切入，做好新市场的创新战略。

(2) 防御型战略。该战略的特点是企业在技术上不是最先进的，所以企业必须采取积极的防御战略，以高性能、低成本、高质量来获取市场份额。

(3) 进攻型战略。该战略的特点是企业以在市场上首次推出新的产品和生产工艺来占领市场，风险大，但潜在收益也大。

》典型例题

1. [单项选择题] 某企业高薪聘请顶尖专家组建研发部门，专门攻克充电技术，从技术来源的角度看，该企业的这种技术创新战略属于（　　）。

A. 切入型战略　　　　　　　　　　B. 合作创新战略

C. 技术跟随战略　　　　　　　　　D. 自主创新战略

[解析] 本题考点为技术创新战略的类型。根据技术来源的不同，可将企业的技术创新战略分为自主创新战略、模仿创新战略和合作创新战略，A、C 两项排除。B 项错误，合作创新战略指两个或两个以上的企业为了节约研发费用、缩短开发时间进行的合作研究、共享创新成果的战略。根据题目信息，该企业"高薪聘请顶尖专家组建研发部门，专门攻克充电技术"，可知属于企业内部的创新，自主研究技术，D 项正确。

2. [多项选择题] 与技术跟随战略相比，技术领先战略的特征有（　　）。

A. 风险和收益相对较小　　　　　　B. 技术来源以自主开发为主

C. 市场开发重点是挤占他人市场　　D. 技术开发的重点是工艺技术

E. 投资重点是技术及市场开发

[解析] 本题考点为技术跟随战略和技术领先战略的选择。技术领先战略的风险大，投资大，收益大，技术跟随战略的风险和收益相对较小，A 项错误。技术领先战略的技术来源以自主开发为主，B 项正确。技术领先战略的市场开发重点是开发全新市场，技术跟随战略的开发重点是挤占他人市场，C 项错误。技术领先战略的技术开发重点是产品技术，技术跟随战略的技术开发重点是工艺技术，D 项错误。技术领先战略的投资重点是技术及市场开发，E 项正确。

答案：1. D　2. BE

第七章 技术创新管理

考点3 技术创新决策的评估方法 ☆☆

一、定性评估法

(一) 评分法

评分法是指选取几个定性指标对项目进行比较、判断、评价,最后进行评分排序的方法,又称多属性分析法。

(二) 轮廓图法

轮廓图法的步骤:①确定影响项目成败的关键因素;②按照关键因素对每一个项目做出定性判断(比如评价为高、中、低);③把所有定性的评价连接成一个轮廓图。

(三) 动态排序列表法

例如,某手机设备供应商在对新产品的四个项目甲、乙、丙、丁进行评价,相关信息见表7-4。

表 7-4 动态排序列表

项目编号	获利指数	净现值	重要程度	排序分值
甲	15 (2)	9 (2)	5 (1)	1.67 (1)
乙	10 (4)	19 (1)	4 (2)	2.33 (2)
丙	12 (3)	8 (3)	2 (4)	3.33 (4)
丁	20 (1)	3 (4)	3 (3)	2.67 (3)

项目的优选顺序应该是甲→乙→丁→丙。

(四) 检查清单法

检查清单法需要首先确定一组评价项目的关键因素,然后根据各检查项对项目进行评分,具体内容见表7-5。

表 7-5 检查清单法

检查项	预期绩效		
	项目A	项目B	项目C
开发成功的可能性	1	1	1
技术的安全性	0	1	1
获得专利的可能性	0	1	1
未来市场营利性	1	0	1
总评	2	3	4

例如,在表7-5的检查清单中,项目A、项目B、项目C的总评分分别是2、3、4。项目C的分值最高,所以应该选项目C。

二、定量评估法

(1) 风险分析法。风险分析法是对被评估的项目进行风险分析,优选风险最小的项目。

（2）折现现金流法。折现现金流法是对被评估的项目的未来收益进行折现，优选折现数值最大的项目。

三、项目组合评估法

（一）项目地图法（风险—收益气泡图）

项目地图法最常用的是风险—收益气泡图，横轴表示收益的高低，纵轴表示技术成功概率的高低；风险—收益气泡图分成四个象限，每一个象限的项目可以分成一类。项目地图法的具体内容见图7-4。

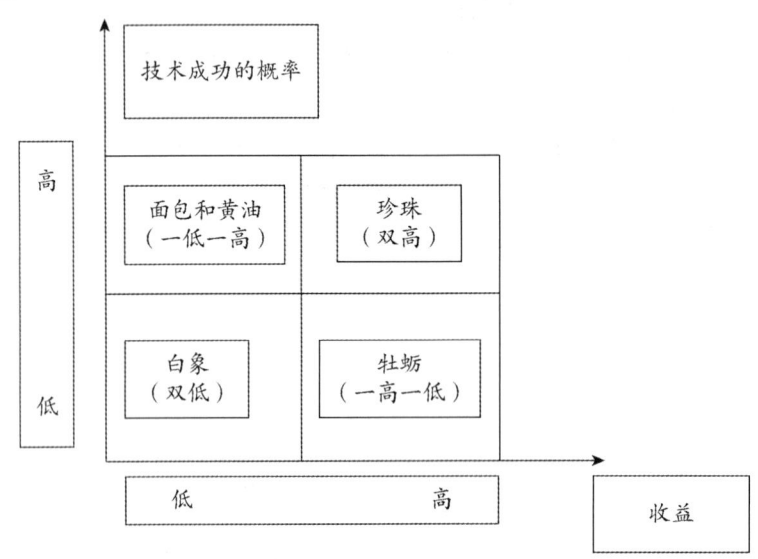

图 7-4　项目地图法（风险—收益气泡图）

（1）珍珠（双高）。该类项目的特点是高成功概率、高收益，所以此类项目越多越好。

（2）白象（双低）。该类项目的特点是低成功概率、低收益，所以企业不会投资和开发此类项目。

（3）牡蛎（一高一低）。该类项目的特点是低成功概率、高收益。此类项目风险较大，但一旦成功，会获得重大收益，所以企业需要长期计划。

（4）面包和黄油（一低一高）。该类项目的特点是比较简单，成功率高，但收益低。企业需要作出相应调整。

（二）矩阵法

矩阵法的具体步骤如下：

（1）分析企业内外环境，评价企业技术水平。

（2）以技术的重要性和技术的相对竞争地位两个维度分析技术，将技术组合分为四个象限。技术组合矩阵分析法见图7-5。

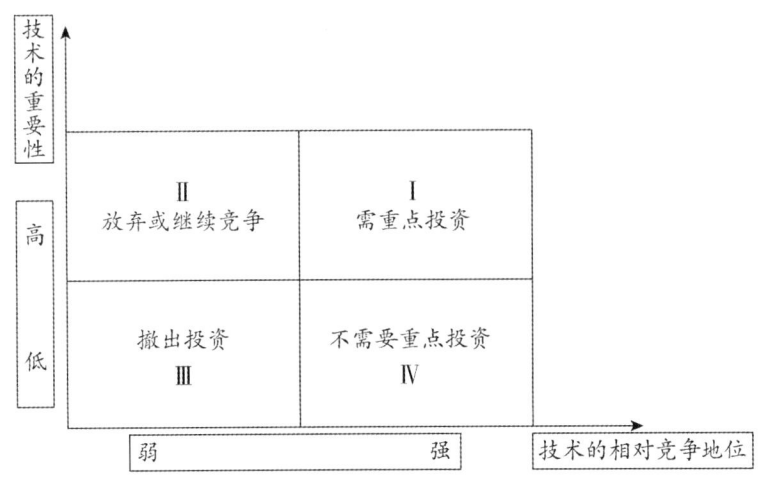

图 7-5 技术组合矩阵分析法

(3) 比较商业战略和技术战略。

(4) 确定技术项目的投资次序。

> **典型例题**

1. [单项选择题] 某技术项目预期收益高,开发成功概率低,根据项目地图法,该项目属于( )类型项目。

A. 珍珠 B. 面包和黄油

C. 白象 D. 牡蛎

[解析] 本题考点为项目地图法。根据项目地图法中风险—收益气泡图四个象限的特征,其中牡蛎的特征为"一高一低",即收益高,成功概率低。

2. [单项选择题] 企业应用矩阵法进行项目组合评估时,对处于技术组合分析图中第Ⅰ象限的项目,企业应采取的策略是( )。

A. 放弃投资 B. 维持现有投资

C. 重点投资 D. 与竞争对手保持同等投资

[解析] 本题考点为矩阵法。在矩阵法中,位于第Ⅰ象限的项目,主要策略是需重点投资。

答案:1. D 2. C

考点4 企业研发的类型和模式 ☆☆

一、企业研发的类型

(1) 基础研究,指人们为了认识世界,推进科技进步进行的研究,其主要研究对象是自然现象和自然规律,又称纯理论研究。

(2) 应用研究,指为了获得与产品和工艺相关的新知识和新技术,运用基础研究的成果而进行的研究。

(3) 开发研究,指为了获得新装置、新产品、新材料、新方法进行的创造性工作,应用基础研究和应用研究的成果而进行的研究，又称试验开发与发展。

二、企业研发的模式

（一）自主研发

自主研发是指企业从产品构思到产品销售，再到消费者手里的过程，全部是企业自主设计和实施的。

（二）委托研发（研发外包）

委托研发是指企业将技术研发委托给其他的企业来完成。

（三）合作研发

合作研发是指企业和其他科研机构为了规避风险，降低研发成本而形成的伙伴关系。合作研发包括联合开发、建立联盟、共建机构和项目合作四种形式。

委托研发与合作研发的对比见表7-6。

表7-6 委托研发与合作研发对比

项目	研发风险	研发资金
委托研发	委托方承担	委托方承担
合作研发	双方共同承担	双方共同承担

》典型例题

[多项选择题] 下列关于委托研发与合作研发的说法，正确的有（　　）。

A. 合作研发时，合作各方共同投入资金和技术
B. 委托研发时，受委托方投入资金，委托方投入技术
C. 合作研发时，研发的成本风险是共担的
D. 委托研发时，研发的成本风险是由委托方承担的
E. 委托研发时，研发的失败风险是共担的

[解析] 本题考点为委托研发和合作研发的对比。在委托研发中，受委托方投入研发的知识和技术，委托方投入资金，B项错误。委托研发的风险和成本风险不是共担的，E项错误。

答案：ACD

考点5 技术价值的评估方法

一、市场模拟模型

在技术交易中，新的技术价格可以参考以前类似的价格，可用市场模拟公式来表示：

$$P = P_0 \times a \times b \times c$$

式中，P为新技术商品的价格，P_0为原有技术交易价格，a为技术经济性能修正系数，b为时间修正系数，c为技术寿命修正系数。

二、效益模型

效益模型的特点是按技术未来获得的经济效益来计算技术的价值。效益模型的公式为：

$$P = \sum_{t=1}^{n} \frac{B_t}{(1+i)^t}$$

式中，P 为技术产品的价格，n 为技术的寿命，B_t 为第 t 年技术所产生的经济效益，i 为折现率。

三、成本模型

成本模型的特点是成本是技术价格的基本决定要素。成本模型的公式为：

$$P = \frac{(C+V)\beta}{1-\gamma}$$

式中，P 为商品的价格，C 为物质消耗，V 为人力消耗，β 为技术复杂系数，γ 为研究开发的风险概率。

> **典型例题**

1.〔单项选择题〕 一方当事人（受托方）以技术知识为另一方（委托方）解决特定技术问题，所订立的合同是（　　）。

A. 技术咨询合同　　　　　　　　　　B. 技术服务合同
C. 技术转让合同　　　　　　　　　　D. 技术开发合同

〔解析〕本题的考点为技术服务合同。一方当事人（受托方）以技术知识为另一方（委托方）解决特定技术问题，所订立的合同是技术服务合同。

2.〔单项选择题〕 某企业拟购买一项新技术，经调查，两年前类似技术交易转让价格为 20 万元。通过专家鉴定，该项新技术的效果比两年前类似交易技术提高了 15%，技术交易市场的价格水平比两年前提高了 10%，技术寿命修正系数为 1.2。根据市场模拟模型，该企业购买该项新技术的评估价格为（　　）万元。

A. 21.08　　　　　　　　　　　　　B. 22.96
C. 25.09　　　　　　　　　　　　　D. 30.36

〔解析〕本题考点为市场模拟模型。根据已知条件，技术寿命修正系数为 1.2，时间修正系数为 1+10%=1.1，技术经济性能修正系数为 1+15%=1.15，根据市场模拟模型公式，得 $P = P_0 \times a \times b \times c = 20 \times 1.2 \times 1.15 \times 1.1 = 30.36$（万元）。

3.〔单项选择题〕 甲企业拟购买一项新技术，经预测，该技术可再使用 5 年。采用该项新技术后，甲企业产品价格比同类产品每件可提高 20 元，预计未来 5 年产品的年销量分别为 6 万件、6 万件、7 万件、5 万件、5 万件。根据行业投资收益率，折现率确定为 10%，复利现值系数见表 7-7。

表 7-7　复利现值系数

利率	期数				
	1	2	3	4	5
10%	0.909	0.826	0.751	0.683	0.621

根据效益模型计算,该项新技术的价格为( )万元。

A. 396.58
B. 32.62
C. 443.74
D. 460.26

[解析] 本题考点为效益模型。根据公式 $P = \sum_{t=1}^{n} \frac{B_t}{(1+i)^t}$,得 $P = 20 \times 6 \times 0.909 + 20 \times 6 \times 0.826 + 20 \times 7 \times 0.751 + 20 \times 5 \times 0.683 + 20 \times 5 \times 0.621 = 443.74$(万元)。

4. [单项选择题] 某企业拟开发一项技术,经评估,预计该技术开发的物质消耗为 300 万元,人力消耗为 500 万元,技术复杂系数为 1.4,研究开发的风险概率为 60%,根据技术价值评估的成本模型,该技术成果的价格为( )万元。

A. 700
B. 800
C. 1 120
D. 2 800

[解析] 本题考点为成本模型。根据成本模型公式,代入题目中的已知条件,得 $P = \frac{(C+V)\beta}{1-\gamma} = \frac{(300+500) \times 1.4}{1-60\%} = 2\,800$(万元)。

答案:1.B 2.D 3.C 4.D

考点6 企业管理创新 ☆☆☆

一、管理创新概述

(一) 管理创新的含义

管理创新本质上是一种细节管理,是企业有机地整合内外资源,达到企业既定目标和尽到企业责任的一种创新型管理方式。

(二) 管理创新的主体

管理创新的主体是指在企业管理创新过程中,承担创新责任的相关人员,一般包括企业家、管理者、员工。另外,研究机构和管理专家也是管理创新的辅助参与者。

(三) 管理创新的特点

管理创新有其自身的特点,主要体现在五个方面:①系统性;②全员性;③动态性;④风险性;⑤基础性。

(四) 技术创新和管理创新的关系

管理创新是技术创新的前提,而所有的技术创新都是管理下实现的,两者是相互依存、相互制约的。

二、管理创新的原因及阶段

(一) 管理创新的原因

管理创新来源于内部动因和外部动因两个方面。其中,内部动因包括责任感、经济性动机和自我价值实现;外部动因包括社会文化环境、科学技术环境、经济环境、自然条件环境。

(二) 管理创新的阶段

管理创新的过程可以分为四个阶段:①发现问题和界定问题;②寻求创新方案;③评估、

决策创新方案；④实施和评价创新方案。

三、管理创新的领域

管理创新的领域主要涉及四个方面，具体为管理制度的创新、管理组织的创新、管理理念的创新和管理方式方法的创新。

>> 典型例题

1. [多项选择题] 下列属于管理创新主要阶段的有（　　）。

A. 发现及界定问题　　　　　　　　B. 寻求创新方案

C. 评估和决策创新方案　　　　　　D. 绩效考核

E. 评估经济效益

[解析] 本题考点为管理创新的主要阶段。管理创新的主要阶段包括：①发现及界定问题；②寻求创新方案；③评估和决策创新方案；④实施及评价。故选 A、B、C 三项。

2. [多项选择题] 管理创新的特点有（　　）。

A. 静态性　　　　　　　　　　　　B. 经济性

C. 基础性　　　　　　　　　　　　D. 全员性

E. 系统性

[解析] 本题考点为管理创新特点。管理创新的特点有：基础性、风险性、全员性、动态性、系统性。

答案：1. ABC　　2. CDE

考点7　知识产权概述 ☆☆☆

一、知识产权的界定

（一）《建立世界知识产权组织公约》对知识产权的界定

（1）关于文学、艺术和科学作品的权利。

（2）关于表演艺术家的表演以及唱片和广播节目的权利。

（3）关于人类一切活动领域的发明的权利。

（4）关于科学发现的权利。

（5）关于工业品外观设计的权利。

（6）关于商标、服务标记及商业名称和标志的权利。

（7）关于制止不正当竞争的权利。

（8）在工业、科学、文学艺术领域内由于智力创造活动而产生的一切其他权利。

（二）世界贸易组织的《与贸易有关的知识产权协定》的界定

世界贸易组织的《与贸易有关的知识产权协定》（TRIPs）对知识产权的类型作了界定，知识产权包括以下类型：版权和相关权利；地理标识；工业设计；专利；商标；集成电路布图设计（拓扑图）；未披露信息。

(三)《中华人民共和国民法典》列出的知识产权类型

《中华人民共和国民法典》列出的知识产权的类型，包括：①商标；②实用新型、发明、外观设计；③作品；④地理标志；⑤集成电路布图设计；⑥商业秘密；⑦植物新品种；⑧法律规定的其他客体。

二、知识产权类型

(一) 专利权

《中华人民共和国专利法》(以下简称《专利法》) 规定，实用新型专利权的期限为 10 年，外观设计专利权的期限为 15 年，发明专利保护期限为 20 年，都是从申请之日开始计算。

(二) 版权

《中华人民共和国著作权法》(以下简称《著作权法》) 规定，作者的署名权、修改权、保护作品完整权的保护期限不受限制。公民作品的复制权、发行权、发表权、出租权等保护期为作者终生及其死后 50 年，截止到作者去世后第 50 年的 12 月 31 日。

(三) 商业秘密

《中华人民共和国反不正当竞争法》规定，商业秘密是指不为公众所知悉，具有商业价值并经权利人采取相应保密措施的经营信息、技术信息等商业信息。

(四) 商标权

《中华人民共和国商标法》(以下简称《商标法》) 规定，注册商标的有效期限是 10 年，从核准之日算起。期满需要续展的，续展注册有效期为 10 年，从该商标"上一届有效期满次日"起计算。期满没有办理续展手续的，注销其注册商标。

三、知识产权的保护策略

知识产权的保护主要参考知识产权的排他性、保护期限、费用、风险级别等指标，且因各专门法的功能不一，保护的客体不同，其保护的效果也有差别。

知识产权的相关保护策略对比情况见表 7-8。

表 7-8 知识产权法保护策略对比情况

法律	费用	保护期限
《专利法》	最高	发明专利 20 年
		实用新型专利权的期限为 10 年，外观设计专利权的期限为 15 年
《著作权法》	低	作者终生及其死后 50 年
《商标法》	较高	注册商标有效期 10 年，期满有 6 个月宽展期

▶ 典型例题

1. [多项选择题] 世界贸易组织的《与贸易有关的知识产权协定》列举的知识产权包括（   ）。

    A. 商标权

    B. 专利权

C. 工业设计权

D. 未披露过的信息专有权

E. 科学发行权

[解析] 本题考点为知识产权的主要形式。《与贸易有关的知识产权协定》所列举的知识产权包括：版权和相关权利；商标；地理标识；工业设计；专利；集成电路布图设计（拓扑图）；未披露信息。该协定对协议许可中的反竞争行为的控制也作出了规定。

2. [单项选择题] 我国某企业于2019年11月15日向我国专利部门提交外观设计专利申请，2020年10月15日获得核准。该专利的有效期至（　　）。

A. 2030年10月14日

B. 2039年1月14日

C. 2040年10月14日

D. 2034年11月14日

[解析] 本题考点为技术创新管理的专利权的保护期限。外观设计专利申请的保护期限是15年，从申请之日算起，故该专利的有效期至2034年11月14日。

3. [单项选择题] 某公司的注册商标于2021年5月30日期满，则该公司应最迟在（　　）前按照规定办理续展手续，否则其商标将被注销。

A. 2021年11月30日

B. 2031年5月30日

C. 2020年5月30日

D. 2020年11月30日

[解析] 本题考点为注册商标的有效期限。注册商标有效期期满，需要继续使用的，商标注册人应当在期满前12个月内按照规定办理续展手续；在此期间未能办理的，可以给予6个月的宽展期。

4. [单项选择题] 根据我国相关法律，下列知识产权中，保护期限最短的是（　　）。

A. 作者的署名权

B. 作者的发表权

C. 实用新型专利权

D. 发明专利权

[解析] 本题考点为知识产权保护策略。根据相关规定，专利中发明专利权保护期为20年，实用新型专利权保护期为10年，外观设计专利权保护期为15年，而作者的署名权和作者的发表权保护期限是作者终生及死后50年。所以，综上可知，实用新型专利权保护期限最短。

答案：1. ABCD　2. D　3. A　4. C

第八章

人力资源规划与薪酬管理

大纲再现

1. 理解人力资源规划的内容与制定程序，预测人力资源需求与供给。
2. 理解绩效的特点与绩效考核的功能，制定绩效考核的内容和标准。理解绩效考核的步骤，选择恰当的绩效考核方法实施绩效考核。
3. 理解薪酬的构成与功能，提出企业薪酬制度设计的原则，构建企业薪酬制度设计的流程，选择恰当的方法设计企业薪酬制度。

大纲解读

本章近五年考试平均分值在18分左右，常考题型包括单项选择题、多项选择题和案例分析题。

本章是比较重要的章节之一，考试分值占比较高，同时本章的题目比较简单易懂，所以也是容易拿分的章节。本章主要介绍了人力资源规划的内容、方法，薪酬的制定、分类等内容。其中，单项选择题以灵活运用型题目为主，需要理解相关知识点；多项选择题以记忆型的题目为主，要求加强记忆、背诵相关知识点；案例分析题考点相对来说较少且相对固定，比较容易掌握，加强练习即可拿到分数。

知识脉络 ▶

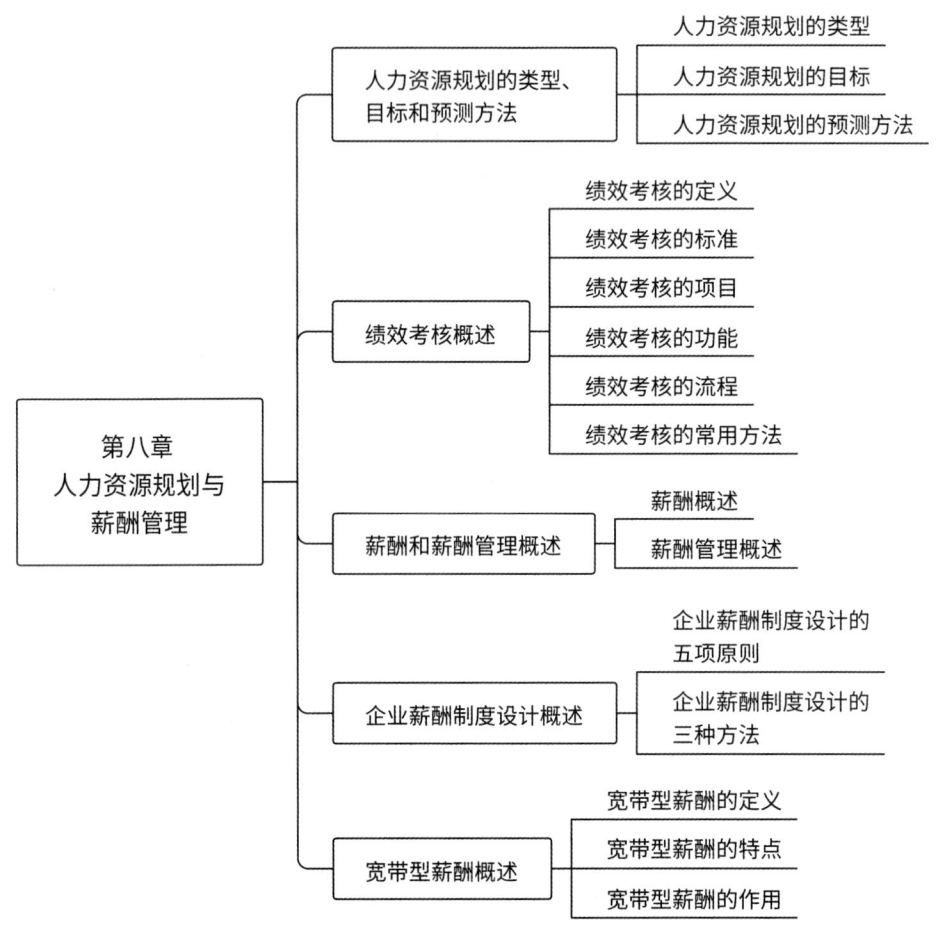

第八章　人力资源规划与薪酬管理

考点1　人力资源规划的类型、目标和预测方法 ☆☆

一、人力资源规划的类型

人力资源规划是指为实施企业的发展战略，完成企业的生产经营目标，根据企业内外环境和条件的变化，通过对企业未来的人力资源的需求和供给进行预测，运用科学的方法制定企业人力资源供需平衡计划的过程。

（一）按照规划的性质划分

按照规划的性质划分，人力资源规划可以分为总体规划和具体规划。

（二）按照规划时间的长短划分

按照规划时间的长短划分，人力资源规划可以分为长期规划、中期规划、短期规划。长期规划的时间期限是5年或5年以上。中期规划的时间期限一般是1年以上5年以下。短期规划的时间期限是1年或1年以内。

二、人力资源规划的目标

人力资源规划的类别不同，其目标也不相同，见表8-1。

表8-1　人力资源总体规划和具体规划的目标

规划类别		目标
企业总体规划		（1）促进员工个人发展，增减员工数量，改善员工素质 （2）提高员工技能 （3）提升企业绩效
员工个人规划	培训开发计划	（1）确定培训数量及类别 （2）提高员工知识技能、工作绩效，改进企业文化和工作作风等
	使用计划	（1）优化编制、改善员工结构 （2）改善绩效、职务轮换、员工配置等
	接续及升职计划	确定后备员工数量和员工结构，提高绩效水平
	员工补充计划	（1）确定补充员工的类型、层次和数量 （2）改善人员素质结构
企业和员工关系规划	薪酬激励计划	改善绩效水平，提高员工士气
	退休解聘计划	改善员工结构，降低人工使用成本等
	劳动关系计划	降低离职率，改善员工和企业的关系，降低投诉和争议率

三、人力资源规划的预测方法

（一）人力资源规划供给预测方法

1. 管理人员接续计划法

管理人员接续计划法主要是对某一职位上的流出量和流入量进行估计。该方法主要对工程技术人员和管理人员进行预测。管理人员接续计划法的公式为：

某职位的人员供给量＝该职位现有人员数量＋流入量－流出量

[例题] 某企业现有业务主管15人，预计明年将有2人提升为部门经理，退休1人，辞职2人。此外，该企业明年将从外部招聘3名业务主管，从业务员中提升2人为业务主管。采用管理人员接续计划法预测，该企业明年业务主管的供给量为多少人？

[解析] 根据公式，某职位的人员供给数量＝该职位原有人员数量＋流入量－流出量，得该企业业务主管的供给量＝15＋3＋2－2－2－1＝15（人）。

2. 马尔可夫模型法

根据某两个职位人员变动的规律，推测企业某个职位的未来人员供给的数量。

[例题] 某企业采用马尔可夫模型法进行人力资源供给预测，现有业务员100人，业务主管10人，销售经理4人，销售总监1人，该企业员工变动矩阵见表8-2。

表8-2 该企业员工变动矩阵

职务	员工调动概率				离职率
	销售总监	销售经理	业务主管	业务员	
销售总监	0.8	—	—	—	0.2
销售经理	0.1	0.8	—	—	0.1
业务主管	—	0.1	0.7	—	0.2
业务员	—	—	0.1	0.6	0.3

【注】表中数据为员工调动概率的年平均百分比的比值。

那么，该企业一年后业务主管内部供给量为多少人？

[解析] 本题考点为马尔可夫模型法。业务主管的供给量由两部分组成，一部分是留任业务主管的人数，另一部分是由业务员晋升上来的人数，所以该企业一年后业务主管内部供给量＝0.7×10＋100×0.1＝17（人）。

3. 员工核查法

员工核查法是对企业现有人员的数量、结构、素质进行核查，确定未来企业人员供给的数量。

4. 人力资源外部供给预测影响因素

（1）劳动力职业市场情况。

（2）企业所在地区的人口总量与劳动力供给率。

（3）企业所在地区的人力资源的结构。

（4）企业所在地区的劳动力市场供给和需求状况。

（5）企业所在行业的劳动力市场供给和需求状况。

（6）国际宏观经济形势和预期失业率。

（二）人力资源规划需求预测法

1. 德尔菲法

企业选取本行业20名左右的专家，通过专家们的集思广益，发挥专家的经验、知识和判断能力等优势,对企业的人力资源需求做出预测的方法。

2. 管理层人员判断法

企业的各级管理人员根据工作经验对未来业务进行直觉判断,从下级到上级来逐级确定所需员工的方法。

3. 一元回归分析法

根据数学的一元线性回归方程"$y=a+bx$"预测企业人力资源的需求数量。其中,x是自变量,y是因变量,a、b为回归系数。

[例题] 某企业为了满足业务拓展的需要和充分调动员工的积极性,进行人力资源需求与供给预测。经过调查研究与分析,确认该企业的销售额和所需销售员工数量成正相关关系,并根据过去十年的统计资料,建立了一元线性回归预测模型"$y=a+bx$",x代表销售额(单位:万元),y代表销售员工数量(单位:人),参数$a=20$,$b=0.03$;同时,该企业预计2023年销售额将达到1 000万元。根据一元回归分析法计算,该企业2023年需要销售员工多少人?

[解析] 本题考点为一元回归分析法。根据一元线性回归方程"$y=a+bx$",其中x为2023年预计销售额1 000万元,y为企业需要员工数量,代入可得$y=20+0.03x=20+0.03\times1\ 000=50$(人)。

4. 转换比率分析法

企业的销售额和人力资源需求存在固定的关系,利用这种固定的关系可求得未来一年的人员需求数量。其计算分两个步骤:第一步,计算增加的总体人数;第二步,按照比例来分配人员。

[例题] 某企业销售额每增长1 000万元,需增加管理人员、销售人员和客服人员共27名;新增管理人员、销售人员和客服人员的比例是2:4:3,该企业预计2023年销售额比2022年增加3 000万元。与2022年相比,该企业2023年需要新增客服人员多少人?

[解析] 本题考点为转换比率分析法。转换比率分析法的步骤如下:第一步,2023年需要增加的总体人数$=27\times(3\ 000\div1\ 000)=81$(人);第二步,按照比率2:4:3进行分配,新增客服人员的数量$=81\times[3\div(2+4+3)]=27$(人)。

》 典型例题

1. [单项选择题] 下列企业人力资源计划的类型中,以改善员工知识技能和工作作风为目标的是(   )。

A. 员工使用计划 B. 员工培训计划
C. 劳动关系计划 D. 员工招聘计划

[解析] 本题考点为人力资源规划的目标。员工培训计划的目标是提高员工知识技能、明确培训数量及类别、提高绩效、改善工作作风和企业文化等。

2. [单项选择题] 下列人力资源需求预测方法中,能够充分发挥专家作用、集思广益、预测准确度相对较高的方法是(   )。

A. 员工核查法 B. 德尔菲法

C. 转换比率分析法　　　　　　　D. 一元回归分析法

[解析] 本题考点为德尔菲法。德尔菲法的特点是能够充分发挥专家作用、集思广益、预测准确度相对较高。

答案：1.B　2.B

考点2　绩效考核概述 ☆☆☆

一、绩效考核的定义

绩效考核是指企业运用一定的考核方法，对员工的绩效进行评估、考察和反馈的过程。

二、绩效考核的标准

绩效考核的标准包括适度性、量化性、可变性三个标准。

三、绩效考核的项目

绩效考核的项目包括工作态度、工作业绩、工作能力三个项目。

四、绩效考核的功能

绩效考核的功能包括沟通功能、激励功能、提高绩效功能、管理功能、监督功能、学习和导向功能。

五、绩效考核的流程

（一）准备工作阶段

准备工作阶段包括确定考核者、考核标准、选择考核方法。

（二）实施工作阶段

实施工作阶段包括绩效考核评价和绩效沟通。其中，绩效沟通是贯穿于绩效考核整个过程和整个周期的。

（三）结果反馈阶段

结果反馈阶段即把绩效考核的结果反馈给相关人力资源管理人员。

（四）结果运用阶段

结果运用阶段即把本次绩效考核的结果应用到下一次绩效考核中。

六、绩效考核的常用方法

（一）书面鉴定法

书面鉴定法是指绩效考核管理者用文字的形式对考核对象作出评价的方法。

（二）民主评议法

民主评议法是指企业各级管理人员和基层同事对某个考核对象的述职报告进行评价，最后得出绩效考核结果的方法。

（三）关键事件法

关键事件法是指企业用文字记录员工在工作中直接影响工作绩效的重要行为，以对员工的工作绩效进行评价的方法。

（四）平衡计分卡法

平衡计分卡法是企业进行战略绩效管理的一种方法，包括四个角度，即顾客角度、财务角度、内部流程角度和学习与成长角度。

（五）关键绩效指标法

关键绩效指标法是指企业运用关键绩效指标（KPI）进行绩效考核的方法，包括两条主线：一条是以组织结构为标准，运用"目标—手段"法；另一条是以流程分解为标准，运用"目标责任法"。

（六）目标管理法

目标管理法是指企业通过制定目标、管理目标、运用目标来进行绩效考核的方法。

（七）量表法

量表法是指企业运用量表对员工进行评价考核的方法，包括行为锚定评价法和评级量表法。

（八）比较法

1. 直接排序法

按照绩效考核的成绩进行排序，例如：1、2、3、4、5、6……。

2. 一一对比法

企业的每一个员工都要和其他员工进行对比，按照纵向相加，获得"＋"最多的是最优秀的员工，获得"＋"最少的是最差的员工。

3. 交替顺序法

首先同时选出正数第一名和倒数第一名的两名员工，然后再选出正数第二名和倒数第二名的两名员工，按照这个方法给企业所有员工排序。

>> 典型例题

1. [多项选择题] 下列绩效考核内容中，属于绩效考核项目的有（　　）。

A. 开拓创新能力

B. 组织指挥能力

C. 沟通协调能力

D. 工作业绩

E. 工作态度

[解析] 本题考点为绩效考核的项目。绩效考核的项目包括工作业绩、工作能力和工作态度。A、B、C 三项属于绩效考核的指标。

2. [多项选择题] 下列绩效考核工作中，属于绩效考核技术准备工作的有（　　）。

A. 选择考核者　　　　　　　　　B. 明确考核标准

C. 进行绩效沟通　　　　　　　　D. 确定考核方法

E. 绩效考核评价

[解析] 本题考点为绩效考核的步骤。其中，绩效考核的技术准备工作包括选择考核者、明确考核标准和确定考核方法等。C、E两项属于绩效考核实施阶段的主要任务。

3. [单项选择题] 某企业某部门运用一一对比法对所属的4名员工进行绩效考核。考核情况见表8-3。

表8-3 考核情况

考核对象	比较对象			
	员工甲	员工乙	员工丙	员工丁
员工甲	0	—	—	＋
员工乙	＋	0	—	＋
员工丙	＋	＋	0	＋
员工丁	—	—	—	0

由此可知，绩效最差的员工是（　　）。

A. 员工丁   B. 员工甲

C. 员工丙   D. 员工乙

[解析] 本题考点为一一对比法。根据一一对比法，"＋"最少的就是最差的员工，员工丁有0个"＋"，所以绩效最差。

答案：1. DE　2. ABD　3. A

考点3　薪酬和薪酬管理概述 ☆☆

一、薪酬概述

（一）薪酬类型

（1）间接薪酬。间接薪酬是指员工从企业获得的不以货币形式存在的各种福利。

（2）基本薪酬。基本薪酬是指员工从企业获得的稳定的经济收入。

（3）激励薪酬。激励薪酬是指员工从企业获得的变动的经济收入。

（二）薪酬的作用

（1）对社会的经济运行有影响。如果整个社会的薪酬体系紊乱，那么社会的经济运行就会受到影响。

（2）对企业有一定促进作用。①带来大于员工工资的增值；②改善员工活动功效；③促进企业变革和发展；④协调企业内部关系。

（3）对员工有一定促进作用。①调节员工流动；②激励员工；③保障员工生活。

二、薪酬管理概述

（一）薪酬管理定义

薪酬管理是指在企业战略的指导下，企业对薪酬的水平、形式、结构进行计划、组织、领导和控制的过程。

（二）薪酬管理的影响因素

（1）员工个人因素。例如员工的职位、工作年限、工作表现等。

（2）企业内部因素。例如企业的发展阶段、财务状况、经营战略等。

（3）企业外部因素。例如法律法规、劳动力市场状况、竞争对手企业的薪酬水平、物价水平等。

> **典型例题**
>
> [单项选择题]（　　）是指企业内部各个职位之间薪酬的相互关系，反映了企业支付薪酬的内部一致性。
>
> A. 薪酬形式　　　　B. 薪酬调整　　　　C. 薪酬结构　　　　D. 薪酬水平
>
> [解析] 本题考点为薪酬结构的定义。薪酬结构是指企业内部各个职位之间薪酬的相互关系，它反映了企业支付薪酬的内部一致性。薪酬水平是指企业内部各类职位以及企业整体平均薪酬的高低状况，反映了企业支付薪酬的外部竞争性。薪酬形式是指在员工和企业总体的薪酬中，不同类型薪酬的组合方式。薪酬调整是指企业根据内外部各种因素的变化，对薪酬水平、薪酬结构和薪酬形式进行相应的调整。薪酬控制指企业对支付的薪酬总额进行测算和监控，以维持正常的薪酬成本开支，避免给企业带来过重的财务负担。
>
> 答案：C

考点4　企业薪酬制度设计概述☆☆

一、企业薪酬制度设计的五项原则

（一）竞争原则

竞争原则是指企业的薪酬设计和同行业其他企业进行对比，要有竞争优势，这样才能吸引人才。

（二）激励原则

激励原则是指企业制定的薪酬体系对员工要有激励的作用，薪酬能够提高员工的积极性和主动性。

（三）合法原则

合法原则是指薪酬的制定要符合我国相关法律的规定，例如不允许雇佣童工等。

（四）量力而行原则

量力而行原则是指在制定企业薪酬时要考虑企业自身的财务状况。

（五）公平原则

公平原则是指企业制定薪酬要保证公平公正、员工满意的原则。公平原则包括内部公平、员工个人公平和外部公平。

二、企业薪酬制度设计的三种方法

（一）企业基本薪酬设计

（1）设置薪酬等级。其计算公式为：

最高值＝区间中值×(1＋薪酬浮动率)

最低值＝区间中值×(1－薪酬浮动率)

其中，薪酬浮动率的主要影响因素包括各薪酬等级自身的价值、各等级的重叠比率、企业的薪酬支付能力、各薪酬等级之间的价值差异等。

［例题］某企业第二薪酬等级的薪酬区间中值为2 000元，薪酬浮动率为15%，该薪酬等级内部由低到高划分为4个薪酬级别，各薪酬级别之间的差距是等差的，则企业该薪酬区间的第3级别的薪酬数值为多少？

［解析］计算步骤如下：第一步，求出最高值。区间最高值＝区间中值×（1＋薪酬浮动率）＝2 000×（1＋15%）＝2 300（元）。第二步，求出区间最低值。区间最低值＝区间中值×（1－薪酬浮动率）＝2 000×（1－15%）＝1 700（元）。第三步，利用已知条件画图。该企业的第二薪酬区间的差距是等差的，而且由低到高分为4个级别，即第1级别、第2级别、第3级别、第4级别，其薪酬差距都是相等的，每相邻两个级别薪酬的差距＝（2 300－1 700）÷3＝200，见图8-1。

图8-1 各级别薪酬值

根据上图得出，第2级别的薪酬值＝1 700＋200＝1 900（元），第3级别的薪酬值＝1 900＋200＝2 100（元）。

(2) 选择基本薪酬制度设计方法。

①以技能为导向的方法，包括以技能为基础的基本薪酬制度设计和以知识为基础的基本薪酬制度设计两种方法。

②以职位为导向的方法，包括职位分类法（按照职位类型划分）、职位等级法（按照职位等级划分）、因素比较法（直接标示职位薪酬）、计点法（共同的付酬因素）。

(二) 激励薪酬设计

(1) 群体激励薪酬，包括员工持股制度、收益分享计划和利润分享计划三种形式。

(2) 个人激励薪酬，包括工时制、计件制、绩效工资三种形式。其中，绩效工资包括四种形式：月/季度浮动薪酬；特殊绩效认可计划；绩效调薪；绩效奖金（一次性奖金）。

(三) 福利的设计

1. 福利的分类

(1) 法定福利，包括法定的社会保险、法定休假日、住房公积金、公休日和带薪休假。其中，《中华人民共和国劳动法》规定：国家实行带薪休假制度。劳动者连续工作一年以上的，享受带薪年休假。

(2) 自主福利，由每个企业根据实际情况自定，没有强制性。

2. 福利的特点

福利的特点包括准固定成本、实物支付、延期支付。

3. 福利的作用

(1) 形式多样，满足不同的需求。

(2) 节省采购费用。

(3) 税收优惠。

(4) 保健性质，减少不满意情绪。

>> 典型例题

1. [多项选择题] 企业进行基本薪酬制度设计时，常用的方法有（　　）。

A. 职位等级法　　　　　　　　　　B. 职位分类法

C. 关键绩效指标法　　　　　　　　D. 目标分类法

E. 计点法

[解析] 本题考点为基本薪酬制度设计方法。基本薪酬制度设计的方法可以分为两种：①以技能为导向的方法，包括以技能为基础的基本薪酬制度设计和以知识为基础的基本薪酬制度设计。②以职位为导向的方法，包括职位等级法、职位分类法、计点法和因素比较法。

2. [多项选择题] 下列薪酬形式中，适用于群体激励的有（　　）。

A. 住房公积金　　　　　　　　　　B. 月/季度浮动薪酬

C. 计件工资　　　　　　　　　　　D. 利润分享计划

E. 员工持股制度

[解析] 本题考点为群体激励薪酬。群体激励薪酬的主要形式包括利润分享计划、收益分享计划和员工持股制度。

3. [多项选择题] 关于福利的独特优势的说法，正确的有（　　）。

A. 福利可以使员工得到更多的实际收入

B. 福利可以满足员工不同的需要

C. 福利像直接薪酬一样促进员工工作绩效的提高

D. 可以减少员工的不满意

E. 可以为员工节省一定的支出

[解析] 本题考点为福利的优势。福利的优势包括：①形式灵活多样，可以满足员工不同的需要；②具有典型的保健性质，可以减少员工的不满意，有助于吸引和保留员工，增强企业的凝聚力；③具有税收方面的优惠，可以使员工得到更多的实际收入；④由企业来集体购买某种福利产品，具有规模效应，可以为员工节省一定的支出。

答案：1. ABE　2. DE　3. ABDE

考点5 宽带型薪酬概述 ☆☆

一、宽带型薪酬的定义

宽带型薪酬是指企业把多个薪酬等级的组合结构和薪酬范围，变成只有少数的薪酬等级组织结构和薪酬范围。

二、宽带型薪酬的特点

（1）最大的特点是提高了员工通过技术和能力进行升职加薪的可能性。

（2）增强了企业的薪酬水平在市场上的竞争力。

三、宽带型薪酬的作用

（1）促进职位轮换和职位调整。

（2）适应市场的劳动力供求变化。

（3）使管理者和人力资源专业人员进行角色互换。

（4）提高薪酬管理水平。

（5）适应企业的扁平组织结构。

（6）重视员工的个人成长。

> 典型例题

[案例分析题] 某企业为了加强薪酬管理，决定对现有的薪酬制度进行改革，探索在研发部等专业技术人员较为集中的部门建立宽带型薪酬结构，以更好地调动专业技术人员的工作积极性。根据职位评价的结果，该企业共划分了6个薪酬等级；每一薪酬等级又分别划分了若干薪酬级别，各薪酬级别之间的差距是相等的。其中，第四薪酬等级分为4个薪酬级别，第四薪酬等级的薪酬区间中值为5万元/年，薪酬浮动率为10%。

（1）该企业第四薪酬等级的薪酬区间最高值为（　　）万元/年。

A. 5.50　　　　　　　　　　　　B. 5.00

C. 6.52　　　　　　　　　　　　D. 6.12

[解析] 本题考点为薪酬区间的最高值。根据公式得，最高值＝薪酬中值×（1＋薪酬浮动率）＝5×（1＋10%）＝5.50（万元）。

（2）该企业第四薪酬等级中的第2薪酬级别的薪酬值为（　　）万元/年。

A. 4.83　　　　　　　　　　　　B. 4.67

C. 5.16　　　　　　　　　　　　D. 4.52

[解析] 本题考点为薪酬区间的级别薪酬值。区间最低值＝区间中值×（1－薪酬浮动率）＝5×（1－10%）＝4.5（万元）。该薪酬等级内部第1级别（最低）的薪酬值＝区间最低值＝4.5（万元），第2级别的薪酬值＝4.5＋（5.5－4.5）÷3≈4.83（万元）。

（3）薪酬浮动率对调整薪酬水平具有一定的作用，确定薪酬浮动率时要考虑的因素有（　　）。

A. 本企业各薪酬等级之间的价值差异

B. 本企业各薪酬等级自身的价值

C. 同一行业其他企业同种职位的薪酬标准

D. 本企业的薪酬支付能力

[解析] 本题考点为影响薪酬浮动率的因素。一般来说，确定薪酬浮动率时可以考虑以下几个主要因素：①企业的薪酬支付能力；②各薪酬等级自身的价值；③各薪酬等级之间的价值差异；④各等级的重叠比率。A、B、D三项正确。

（4）宽带型薪酬结构最大的特点是（　　）。

A. 体现了员工职位评价的结果

B. 职位等级能够反映出职位的价值差异

C. 充分考虑了员工在本单位工作的时间

D. 增大了员工通过技术和能力的提升增加薪酬的可能性

[解析] 本题考点为宽带型薪酬结构的特点。宽带型薪酬结构的特点包括：①最大的特点是提高了员工通过技术和能力进行升职加薪的可能性；②增强了企业的薪酬水平在市场上的竞争力。

答案：A　A　ABD　D

第九章

企业投融资决策及重组

📖 大纲再现

1. 理解货币时间价值和风险价值，掌握货币时间价值和风险价值的相关计算方法。
2. 辨别资本成本影响因素，测算不同筹资方式的资本成本率和综合资本成本率，辨别和计算营业杠杆、财务杠杆和总杠杆，掌握资本结构理论，理解资本结构影响因素及决策方法。
3. 掌握固定资产投资决策方法，理解长期股权投资特征及风险控制。
4. 辨别并购重组动因，设计恰当重组方式实现重组效应，选择适当方法对企业价值进行评估。

大纲解读 ✏️

本章历年考试分值在18分左右，常考题型包括单项选择题、多项选择题、案例分析题。

本章是非常重要且有一定难度的章节，考试分值占比较高，需要加强重视。本章主要介绍了资金的时间价值、风险价值，资本成本率，筹资决策，重组决策等内容。其中，单项选择题以灵活运用型题目为主，需要重点理解相关知识点；多项选择题以记忆型题目为主，要求加强记忆、背诵相关知识点；案例分析题主要考查综合运用能力，而且考点变化较大，需要加强对计算题的练习，才能顺利拿到分值。

知识脉络 ▶

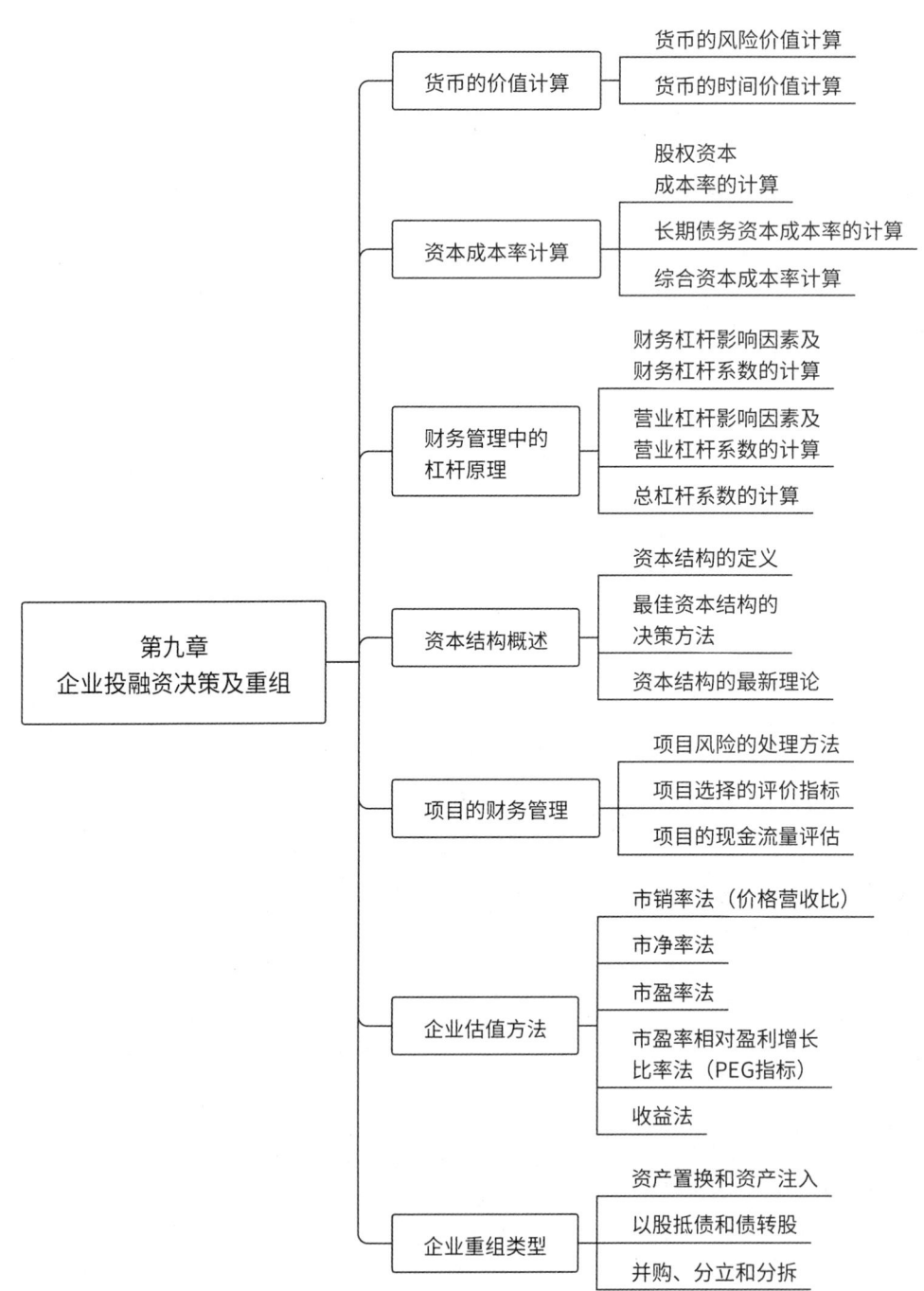

第九章 企业投融资决策及重组

考点1 货币的价值计算 ☆☆☆

一、货币的风险价值计算

风险价值是指投资者因为冒着风险进行投资而得到的额外的收益,又称风险报酬或风险收益,可以用风险报酬率和风险报酬额来表示。

（一）衡量单个项目风险的指标

（1）期望报酬率。其公式为：

$$\overline{K} = \sum_{i=1}^{n} K_i P_i$$

式中,$\overline{K}$ 为期望报酬率,n 为可能结果的个数,K_i 为第 i 种可能结果的报酬率,P_i 为第 i 种结果的概率。

（2）标准离差。其公式为：

$$\delta = \sqrt{\sum_{i=1}^{n}(K_i - \overline{K})^2 \times P_i}$$

式中,δ 为期望报酬率的标准离差,n 为可能结果的个数,K_i 为第 i 种可能结果的报酬率,$\overline{K}$ 为期望报酬率,P_i 为第 i 种结果的概率。

（3）标准离差率。标准离差率是标准离差和期望报酬率的比值,其公式为：

$$V = \frac{\delta}{\overline{K}} \times 100\%$$

式中,V 为标准离差率,δ 为标准离差,$\overline{K}$ 为期望报酬率。

（二）风险报酬率的计算

风险报酬率的公式为：

风险报酬率＝风险报酬系数×标准离差率×100%

即：

$$R_R = b \times V \times 100\%$$

（三）风险投资者的报酬率计算

风险投资者的报酬率公式为：

投资者的预期报酬率＝无风险报酬率（国债的收益率）＋风险报酬率

一般情形下,无风险报酬率可以用购买国债的收益率来表示。风险越小,风险报酬率也越小；风险越大,风险报酬率也越大。

二、货币的时间价值计算

（一）一次性资金的终值与现值

一次性资金是指在特定时间上一次性收取或者一次性支付,经过一段时间后再相应地一次性支付或者收取的款项。

（1）复利终值公式为：

$$F = P(1+i)^n$$

(2) 复利现值公式为：
$$P = F(1+i)^{-n}$$

式中，F 为终值，P 为现值，i 为利率，n 为计息周期数，$(1+i)^n$ 为复利终值系数，$(1+i)^{-n}$ 为复利现值系数。

(二) 年金的终值和现值

年金是指每隔一个固定的时间周期，等额支付或收取的一系列款项。

1. 后付年金

(1) 后付年金定义。后付年金是指每期期末支付或收取等额的系列款项，也称普通年金。

(2) 后付年金的终值，其公式为：$F = A \times \dfrac{(1+i)^n - 1}{i}$ 式中，A 表示每年支付的金额，i 表示利率，n 表示期数。

(3) 后付年金的现值，其公式为：
$$P = A \times \dfrac{1-(1+i)^{-n}}{i}$$

式中，A 表示每年支付的金额，i 表示利率，n 表示期数。

2. 先付年金

(1) 先付年金定义。先付年金是指每期期初收取或支付的等额的系列款项。

(2) 先付年金的终值，即在 n 期后付年金终值公式的基础乘以"$(1+i)$"或者期数加 1，系数数值减 1。其公式为：
$$F = A \times \dfrac{(1+i)^n - 1}{i} \times (1+i)$$

或：
$$F = A \times \left[\dfrac{(1+i)^{n+1} - 1}{i} - 1\right]$$

(3) 先付年金的现值，即在 n 期后付年金现值公式的基础上乘以"$(1+i)$"或者期数减 1，系数数值加 1。其公式为：
$$P = A \times \dfrac{1-(1+i)^{-n}}{i} \times (1+i)$$

或：
$$P = A \times \left[\dfrac{1-(1+i)^{-(n-1)}}{i} + 1\right]$$

3. 永续年金

永续年金是指期数趋于无穷大的等额的系列款项。在实际生活中，优先股股利可视为永续年金。永续年金的现值公式为：
$$P = \dfrac{A}{i}$$

式中，A 表示每股股息，i 表示利率。

4. 递延年金

递延年金是指前几个周期不支付，在后几个周期才开始支付的等额系列款项。递延年金的现值公式为：

$$P = A \times \frac{1-(1+i)^{-n}}{i} \times (1+i)^{-m}$$

式中，n 为年金发生期数，m 为递延期数。

> 典型例题

1.[单项选择题] 关于 n 期先付年金与 n 期后付年金的说法，正确的是（　　）。

A. n 期先付年金现值比 n 期后付年金现值多折现 2 期

B. n 期先付年金现值比 n 期后付年金现值少折现 1 期

C. n 期先付年金现值比 n 期后付年金现值少折现 2 期

D. n 期先付年金现值比 n 期后付年金现值多折现 1 期

[解析] 本题考点为先付年金的现值。n 期先付年金现值比 n 期后付年金现值少折现 1 期。

2.[单项选择题] 甲公司计划开发生产 A 产品，经测算投资 A 产品的标准离差率为 40%，风险报酬系数为 40%，则甲公司开发生产 A 产品的风险报酬率是（　　）。

A. 15%　　　　　　　　　　　　　　B. 40%

C. 16%　　　　　　　　　　　　　　D. 80%

[解析] 本题考点为风险报酬率的计算。根据公式，风险报酬率＝风险报酬系数×标准离差率×100%＝40%×40%×100%＝16%。

3.[单项选择题] M 公司从 N 公司租入数控机床一台，合同约定租期是 5 年，M 公司租期内每年年末支付给 N 公司租金 10 万元，假定年利率为 10%，则 M 公司支付的租金总额现值合计是（　　）万元。

A. 24.87　　　　　　　　　　　　　B. 35.38

C. 37.91　　　　　　　　　　　　　D. 40.68

[解析] 本题考点为后付年金现值的计算。根据公式，$P = A \times \frac{1-(1+i)^{-n}}{i} = 10 \times \frac{1-(1+10\%)^{-5}}{10\%} = 10 \times 3.7908 = 37.908 \approx 37.91$（万元）。

4.[单项选择题] 甲公司从乙公司租入数控切割机一台，合同约定租期 3 年，甲公司每年年初支付给乙公司租金 10 万元，假定年复利率为 5%，则甲公司支付的租金现值总计是（　　）万元。

A. 28.59　　　　　　　　　　　　　B. 27.22

C. 25.45　　　　　　　　　　　　　D. 26.87

[解析] 本题考点为先付年金的现值公式。根据题意，甲公司每年年初支付租金，即可判断为先付年金。根据先付年金现值公式，$P = A \times \frac{1-(1+i)^{-n}}{i} \times (1+i) = 10 \times \frac{1-(1+5\%)^{-3}}{5\%} \times (1+5\%) \approx 28.59$（万元）。

5.[单项选择题] 某贸易公司租赁办公场所,租期 10 年,约定自第 3 年年末起每年末支付租金 5 万元,共支付 7 年,这种租赁形式是( )。

A. 先付年金   B. 后付年金
C. 永续年金   D. 递延年金

[解析] 本题考点为递延年金的概念。递延年金是指前几个周期不支付款项,到了后面几个周期时才等额支付的年金形式,根据题目信息"自第 3 年年末起每年末支付",即前面几个周期未支付,从第 3 期才开始支付,符合递延年金的概念。

答案:1.B 2.C 3.C 4.A 5.D

考点2 资本成本率计算 ☆☆

一、股权资本成本率的计算

(一)留用利润资本成本率

留用利润属于股权资本,是一种机会成本。其计算方法与普通股大致相同,不同的是留用利润资本成本不需要考虑筹资费用。

(二)优先股资本成本率的计算

优先股资本成本率的计算公式为:

$$K_p = \frac{D}{P_0}$$

式中,K_p 为优先股资本成本率,D 为优先股每股年股利,P_0 为优先股筹资净额。

(三)普通股资本成本率的计算

普通股资本成本率的计算方法包括两种方法:<u>资本资产定价模型和股利折现模型</u>。

(1)资本资产定价模型。

资本资产定价模型的计算公式为:

$$K_c = R_f + \beta(R_m - R_f)$$

式中,K_c 为普通股资本成本率,R_f 为无风险报酬率,β 为风险系数,R_m 为市场平均报酬率。

(2)股利折现模型。其公式为:

$$P_0 = \sum_{t=1}^{\infty} \frac{D_t}{(1+K_c)^t}$$

式中,P_0 为普通股融资净额,即扣除融资费用的融资额;K_c 为普通股资本成本率;D_t 为普通股第 t 年的股利。

① 固定股利模型。其公式为:

$$K_c = \frac{D}{P_0}$$

式中,D 表示每年分派的现金股利;P_0 为普通股融资净额,即减去筹资费用的普通股融资净额。

② 固定增长股利模型。其公式为:

$$K_c = \frac{D_1}{P_0} + G$$

式中，D_1 为第一年的股利；P_0 为普通股融资净额，即发行价格减去发行费用的差；G 为股利固定增长率。

二、长期债务资本成本率的计算

（一）长期债券资本成本率的计算

长期债券资本成本率的计算公式为：

$$K_b = \frac{I_b(1-T)}{B(1-F_b)}$$

式中，K_b 为债券资本成本率；I_b 为债券每年支付的利息；T 为所得税税率；B 为债券筹资额，按发行价格确定；F_b 为债券筹资费用率。

（二）长期借款资本成本率的计算

长期借款资本成本率的计算公式为：

$$K_l = \frac{I_l(1-T)}{L(1-F_l)}$$

式中，K_l 为长期借款资本成本率，I_l 为长期借款年利息额，T 为企业所得税税率，L 为借款本金，F_l 为筹资费用率。

三、综合资本成本率计算

（一）综合资本成本率的影响因素

综合资本成本率的影响因素包括个别资本成本率和资本结构。

（二）综合资本成本率的测算

综合资本成本率的计算公式为：

$$K_w = \sum_{j=1}^{n} K_j W_j \quad （式中：\sum_{j=1}^{n} W_j = 1）$$

式中，K_w 为综合资本成本率，K_j 为第 j 种资本成本率，W_j 为第 j 种资本比例。

（三）资本成本的作用

资本成本可以为选择追加筹资方案、选择筹资方式和选择资本结构提供依据。

> **典型例题**

1. [单项选择题] 某公司股票的风险系数为 1.3，市场平均报酬率为 12%，无风险报酬率为 5%，使用资本资产定价模型计算的该公司普通股筹资的资本成本率为（　　）。

A. 14.1%　　　　　　　　　　　　　B. 14.7%

C. 17.0%　　　　　　　　　　　　　D. 18.3%

[解析] 本题考点为资本资产定价模型。根据资本资产定价模型公式，$K_c = R_f + \beta(R_m - R_f) = 5\% + 1.3 \times (12\% - 5\%) = 14.1\%$。

2. [多项选择题] 根据股利折现模型，影响普通股资本成本率的因素有（　　）。

A. 股票融资额
B. 股票筹资费用
C. 股利水平
D. 普通股股数
E. 企业所得税税率

[解析] 本题考点为普通股股利折现模型。根据股利折现模型公式，$P_0=\sum_{t=1}^{\infty}\frac{D_t}{(1+K_c)^t}$，$P_0$为普通股融资净额，即扣除筹资费用的融资额，故普通股资本成本率与融资额、筹资费用有关，A、B两项正确。D_t为普通股第t年的股利，故普通股资本成本率与股利水平有关，C项正确。K_c为普通股权投资必要报酬率，即普通股本资本成本率，故普通股资本成本率与资本成本率有关。

3. [单项选择题] 某公司采用固定增长股利政策，每年股利增长率为5%，如果第一年的每股股利为0.8，普通股每股融资净额为16元，则该公司发行普通股的资本成本率为（　　）。

A. 11%
B. 10%
C. 12%
D. 5%

[解析] 本题考点为固定增长股利模型公式。根据公式，$K_c=\frac{D_1}{P_0}+G=0.8\div16+5\%=10\%$。

4. [单项选择题] M公司用留存收益筹资1亿元，这种筹资方式的资本成本的特点是（　　）。

A. 估算留存收益资本成本不考虑筹资费用
B. 留存收益资本成本率低于债务资本成本率
C. 估算留存收益资本成本率需要考虑所得税
D. 留存收益资本成本率为零

[解析] 本题考点为留用利润资本成本率的测算。公司的留用利润（或留存收益）是由公司税后利润形成的，属于股权资本。留用利润的资本成本是一种机会成本。留用利润资本成本率的测算方法与普通股基本相同，只是不考虑筹资费用。

答案：1. A　2. ABC　3. B　4. A

考点3　财务管理中的杠杆原理☆☆

一、财务杠杆影响因素及财务杠杆系数的计算

（一）财务杠杆的影响因素

财务杠杆的影响因素是固定财务费用（比如债务利息等固定性融资成本）。

（二）财务杠杆系数的计算

财务杠杆系数的计算公式为：

$$DFL=\frac{EBIT}{EBIT-I}$$

式中，EBIT为息税前盈余额，I为债务一年期的利息额。

二、营业杠杆影响因素及营业杠杆系数的计算

(一)营业杠杆的影响因素

影响营业杠杆的因素是固定成本(例如生产设备、机器厂房的成本)。

(二)营业杠杆系数的计算

营业杠杆系数的计算公式为:

$$DOL = \frac{\Delta EBIT/EBIT}{\Delta S/S}$$

式中,DOL 为营业杠杆系数,ΔEBIT 为息税前盈余额的变动额,EBIT 为息税前盈余额,ΔS 为营业额的变动额,S 为销售额。

三、总杠杆系数的计算

总杠杆系数的公式为:

$$总杠杆系数 = 营业杠杆系数 \times 财务杠杆系数$$

> **典型例题**

[单项选择题]营业杠杆是由于企业成本费用中存在( )而产生的风险收益放大效应。
A. 直接人工成本   B. 固定成本   C. 付现成本   D. 固定财务费用

[解析]本题考点为营业杠杆的影响因素。营业杠杆是由于固定成本的存在而产生的效应,故 B 项正确。

答案:B

考点4 资本结构概述 ☆☆☆

一、资本结构的定义

资本结构是指企业资金来源构成及其比例关系。

二、最佳资本结构的决策方法

(一)每股利润分析法

1. 利用每股利润无差别点分析

每股利润无差别点是指在多个筹资方案中,达到普通股每股利润相等时的息税前盈余点。

2. 每股利润分析法决策规则

(1)当实际 EBIT 小于无差别点时,选择类似于发行股票的非固定型筹资方式。

(2)当实际 EBIT 大于无差别点时,选择类似于银行贷款、发行债券或优先股的资本成本固定型的筹资方式。

(二)资本成本比较法

资本成本比较法是指从多个方案中选择一个综合资本成本率最低的方案。

三、资本结构的最新理论

(1)啄序理论。首先选择内部筹资,其次选择债权筹资,最后选择股权筹资。

(2) 代理成本理论。公司债务越多,风险越大,代理成本最终由股东来承担。

(3) 市场择时理论。股票价格被高估应该增发股票;股票价格被过分低估应该回购股票。

(4) 动态权衡理论。企业中有一个最优的资本结构,当企业资本结构偏离这个最优结构的时候,企业应该及时调整结构,使新结构回到最优的状态。

考点5 项目的财务管理 ☆☆

一、项目风险的处理方法

(一)调整折现率法

调整折现率法是把未来高风险的项目用较高的折现率来折算净现值。

(二)调整现金流量法

调整现金流量法是把未来的不确定的现金流量用一个肯定当量系数改变为肯定的现金流量。

二、项目选择的评价指标

(一)贴现现金流量指标

贴现指标是指考虑资金的时间价值的指标,包括三种类型。

1. 内部报酬率

内部报酬率(IRR)能够反映项目的真实报酬率,如果以内部报酬率来折现,那么项目的净现值等于零。内部报酬率的决策规则为:如果内部报酬率等于或大于企业的必要报酬率或资本成本率,就采纳该项目;如果内部报酬率小于企业的资本成本率或必要报酬率,就拒绝。内部报酬率的计算公式为:

$$\sum_{t=1}^{n} \frac{NCF_t}{(1+r)^t} - C = 0$$

式中,n 为项目年限,NCF_t 为第 t 年的净现金流量,r 为内部报酬率,C 为初始投资额。

2. 净现值

净现值(NPV)是指未来报酬的总现值与初始投资额的差。其计算公式为:

$$NPV = 未来报酬总现值 - 初始投资 = \sum_{t=1}^{n} \frac{NCF_t}{(1+k)^t} - C = \sum_{t=0}^{n} \frac{CFAT_t}{(1+k)^t}$$

式中,NPV 为净现值,n 为项目预计使用年限,NCF_t 为第 t 年的净现金流量,k 为贴现率(资本成本率或企业要求的报酬率),C 为初始投资额,$CFAT_t$ 为第 t 年的现金流量。

3. 获利指数

获利指数(PI)是指未来报酬的总现值和初始投资额的比值,又称为利润指数。获利指数的决策规则为:获利指数大于或等于1就采纳,小于1就拒绝。其计算公式如下:

$$PI = \frac{未来报酬的总现值}{初始投资额}$$

(二)非贴现现金流量指标

非贴现现金流量指标是指不考虑资金时间价值的指标,包括两种类型:

(1) 平均报酬率。平均报酬率（ARR）的计算公式为：

$$平均报酬率 = \frac{平均年现金流量}{初始投资额} \times 100\%$$

(2) 投资回收期。

第一，若每年的 NCF（营业净现金流量）相等，则计算公式为：

$$投资回收期 = \frac{原始投资额}{每年 NCF}$$

第二，若每年 NCF 不相等，则按照每年年末没有回收的资金来确定。

三、项目的现金流量评估

（一）项目初始现金流量

(1) 流动资产支出。例如原材料、在制产品、产成品和现金的投资。

(2) 固定资产支出。例如机器厂房的建造成本、运输成本和安装成本等。

(3) 其他费用支出。例如谈判费、职工培训费和注册费。

(4) 原有固定资产的变价收入。变卖原有固定资产的现金收入。

（二）项目营业净现金流量

项目完工后，既有现金流入，也有现金流出，需要计算净流量。其中，营业收入等于销售收入，营业支出等于付现成本，即用现金支付的成本，其中不包括折旧。每年净现金流量计算公式有两个：

$$每年净现金流量（NCF）= 每年营业收入 - 付现成本 - 所得税$$
$$每年净现金流量（NCF）= 净利润 + 折旧$$

（三）项目终结现金流量

(1) 土地的变价收入。

(2) 原垫支在流动资产上的资金的收回。

(3) 固定资产的变价收入。

>> 典型例题

1. [单项选择题] 如果一个项目的内部报酬率为 10%，这说明（　　）。

A. 如果以 10% 为折现率，该项目的获利指数大于 1

B. 如果以 10% 为折现率，该项目的净现值小于零

C. 如果以 10% 为折现率，该项目的净现值大于零

D. 如果以 10% 为折现率，该项目的净现值等于零

[解析] 本题考点为内部报酬率。内部报酬率是指使投资项目的净现值等于零的贴现率。

2. [单项选择题] 某公司计划投资一条新的生产线，生产线建成投产后，预计公司年销售额增加 1 000 万元，年付现成本增加 750 万元，年折旧额增加 50 万元，企业所得税税率为 25%，则该项目每年营业净现金流量是（　　）万元。

A. 50　　　　　　B. 150　　　　　　C. 200　　　　　　D. 700

[解析] 本题考点为营业净现金流量。每年净现金流量（NCF）＝净利润＋折旧＝（1 000－750－50）×（1－25%）＋50＝200（万元）。

3. [案例分析题] 某公司正在论证新建一条生产线项目的可行性，经测算，项目的经济寿命为5年，项目固定资产投资额为1 000万元，期末残值收入为100万元，流动资产投资额为100万元；项目各年现金流量见表9-1，假设该公司选择的贴现率为10%，现值系数见表9-2。

表9-1 项目各年现金流量表

年份	0	1	2	3	4	5
现金流量合计（万元）	－1 100	180	400	400	400	400

表9-2 现值系数表

类别	复利现值系数					年金现值系数				
年份	1	2	3	4	5	1	2	3	4	5
系数	0.909	0.826	0.751	0.683	0.621	0.909	1.736	2.487	3.170	3.791

（1）该项目的终结现金流量为（　　）万元。

A. 100　　　　　B. 200　　　　　C. 300　　　　　D. 320

[解析] 本题考点为终结现金流量估算。其中，终结现金流量包括固定资产变价收入、原垫支在流动资产上资金的收回、土地的变价收入等。根据题意，项目固定资产"期末残值收入为100万元，流动资产投资额为100万元"，即流动资产回收100万元，本题没有涉及土地变价收入，所以该项目终结现金流量＝100＋100＝200（万元）。

（2）该项目的净现值为（　　）万元。

A. －504　　　　B. 198　　　　　C. 216　　　　　D. 618

[解析] 本题考点为净现值的计算。根据公式得，净现值＝未来报酬总现值－初始投资＝180×0.909＋400×0.826＋400×0.751＋400×0.683＋400×0.621－1 100＝216.02≈216（万元）。

（3）根据净现值法的决策规则，该项目可行的条件是净现值（　　）。

A. 大于零　　　B. 小于零　　　C. 等于零　　　D. 大于投资额

[解析] 本题考点为净现值的决策原则。在只有一个备选方案的采纳与否决策中，净现值为正则采纳，即净现值大于零则采纳。

（4）评价该项目在财务上是否可行，除了计算项目的净现值，还可以计算项目的（　　）。

A. 投资回收期　　　　　　　　　B. 内部报酬率
C. 获利指数　　　　　　　　　　D. 风险报酬系数

[解析] 本题考点为项目选择的评价指标。项目选择的评价指标包括贴现现金流量指标（内部报酬率、净现值、获利指数）和非贴现现金流量指标（平均报酬率、投资回收期）。

答案：1.D　2.C　3.B　C　A　ABC

考点6　企业估值方法 ☆

一、市销率法（价格营收比）

市销率是指股票市值和销售收入的比值，又称价格营收比。市销率法相关计算公式为：

$$市销率 = \frac{股票市值}{销售收入}$$

$$目标企业的价值 = 销售收入 \times 标准市销率$$

二、市净率法

市净率是指每股市价和每股净资产的比值。市净率法相关计算公式为：

$$市净率 = \frac{每股市价}{每股净资产}$$

$$目标企业的价值 = 企业净资产总值 \times 标准市净率$$

三、市盈率法

市盈率是指某一种股票普通股每股市价和每股盈利的比值。市盈率法相关计算公式为：

$$市盈率 = \frac{每股市价}{每股盈利}$$

$$目标企业的价值 = 企业净利润总额 \times 标准市盈率$$

四、市盈率相对盈利增长比率法

市盈率相对盈利增长比率法（PEG 指标）是指企业的市盈率和未来 3 年或 5 年的每股收益综合增长率的比值。市盈率相对盈利增长率计算公式为：

$$市盈率相对盈利增长比率 = \frac{市盈率}{每股收益复合增长率}$$

五、收益法

收益法是指评估企业未来的收益，将未来收益折现值作为评估对象的价值。收益法经常用的具体方法包括现金流量折现法和股利折现法。

>> 典型例题

[单项选择题] 使用市销率法对公司估值的计算方式是（　　）。

A. 标准市销率×销售费用　　　　　　B. 标准市销率×销售成本
C. 标准市销率×营业利润　　　　　　D. 标准市销率×销售收入

[解析] 本题考点为市销率估值法。根据市销率估值法的内容，目标企业的价值即销售收入（营业收入）乘以标准市销率。

答案：D

考点7　企业重组类型 ☆☆

一、资产置换和资产注入

（一）资产置换

资产置换是指交易双方彼此按照约定价格换取对方资产的交易，双方的原有资产在价值上是等价的。

（二）资产注入

资产注入是指交易双方中的一方将公司的某部分资产（流动资产、无形资产、固定资产、股权）按约定价格注入对方公司。

二、以股抵债和债转股

（一）以股抵债

M 公司持有 N 公司的股份，同时 M 公司欠 N 公司的债务，M 公司用持有 N 公司的股份来抵偿对 N 公司的债务的行为就是以股抵债。以股抵债的积极效应体现在：①每股收益提高；②债权公司的资产质量提高；③净资产收益率水平提高。

（二）债转股

M 公司是 N 公司的债权人，M 公司将债权合法转化为 N 公司的股权，增加了 N 公司注册资本的行为。债转股的积极效应体现在：①能使债务公司降低负担；②使债权人获得收回全部投资的机会。

三、并购、分立和分拆

（一）并购

并购是指企业之间的收购和合并，是企业进行战略扩张的主要形式。

(1) 按涉及被并购企业的范围划分，分为部分并购和整体并购。

(2) 按并购双方是否友好协商划分，分为敌意并购和善意并购。

(3) 按照并购的实现方式划分，分为二级市场并购、协议并购和要约并购。

(4) 按照并购双方的业务性质划分，分为混合并购、纵向并购和横向并购。

(5) 按照并购的支付方式划分，分为现金购买式并购、股权交易式并购和承担债务式并购。

(6) 按照是否利用被并购企业本身资产来支付并购资金划分，分为杠杆并购和非杠杆并购。

（二）分立

分立是指一家公司把部分资产甚至全部资产分割出去，然后依法转让给新设立的企业或者现存企业的行为。公司分立包括以下两种类型：

(1) 存续分立，指一家公司分成两个或两个以上的公司，原公司地位和名称不变，分立出去的新公司成为独立法人，但是原公司仍然持有新公司股份。

(2) 新设分立，指一家公司分成两个或两个以上的公司，原公司被注销。

（三）分拆

分拆是指将公司的一部分分离出去，成立一个与原公司相互独立的新公司。分拆上市是指分拆出来的新公司上市，并发行新的股票。

> 典型例题

1. [单项选择题] 甲公司以其持有的乙公司的全部股权，与丙公司的除现金以外的全部资产进行交易，甲公司与丙公司之间的这项资产重组方式是（　　）。

A. 以资抵债　　　　　　　　　　　　B. 资产置换

C. 股权置换　　　　　　　　　　　　D. 以股抵债

[解析] 本题考点为资产置换。资产置换是指交易双方彼此按照约定价格换取对方资产的交易，双方的原有资产在价值上是等价的。所以，甲公司用股权和丙公司除现金以外的其他全部资产进行交易，属于资产置换。

2. [多项选择题] E公司将其资产注入F公司，F公司可选择用（　　）支付。

A. F公司的负债　　　　　　　　　　B. F公司的现金

C. F公司的资本公积　　　　　　　　D. F公司的库存股

E. F公司的股权

[解析] 本题考点为资产注入。资产注入是指交易双方中的一方将公司账面上的资产（可以是流动资产、固定资产、无形资产、股权中的某一项或某几项），按评估价或协议价注入对方公司。如果对方支付现金，则意味着资产注入方的资产变现；如果对方出让股权，则意味着资产注入方以资产出资进行投资或并购。

3. [多项选择题] 甲公司的控股股东以其持有的甲公司的股权抵偿其对甲公司的债务，这种做法对甲公司产生的影响是（　　）。

A. 净资产收益率提高　　　　　　　　B. 股本增加

C. 长期股权投资减少　　　　　　　　D. 资产负债率降低

E. 每股收益提高

[解析] 本题考点为以股抵债的效应。甲公司的股东用股权抵偿债务，属于以股抵债。以股抵债的积极效应体现在提升债权公司的资产质量，使每股收益和净资产收益率水平提高。

4. [单项选择题] 甲公司进行战略改革，分拆成了三个新公司，同时甲公司被依法注销，则这种改革方式属于（　　）。

A. 股权置换　　　　　　　　　　　　B. 资产重组

C. 新设分立　　　　　　　　　　　　D. 存续分立

[解析] 本题考点为分立。新设分立是指将被分立公司分割成两个或两个以上的公司后，被分立公司依法注销。甲公司分拆成三个新公司并被依法注销，故选C项。

答案：1. B　2. BE　3. AE　4. C

第十章 电子商务

📖 大纲再现

1. 理解电子商务，辨析电子商务的功能和特点，区分电子商务的类型，辨别电子商务中各种要素流的关系，分析电子商务对企业经营管理的影响。
2. 识别电子商务运作的一般框架，掌握电子商务运作系统的组成要素，设计电子商务交易模式及一般流程，制定企业实施电子商务的运作步骤。
3. 概括电子支付的特点，区分电子支付的类型，构建第三方支付的流程。
4. 理解网络营销的特点，选择恰当的方法进行网络市场调查，实施网络营销组合的策略组合，策划网络营销方式。

✏️ 大纲解读

本章历年考试分值在11分左右，常考题型包括单项选择题和多项选择题。

本章是比较简单的章节，和日常生活联系紧密，容易理解和记忆。本章主要介绍电子商务的类型、电子商务框架、电子支付和网络营销等内容。其中，单项选择题和多项选择题皆以考查记忆型题目为主，所以需要多联系生活实际加强记忆。

知识脉络 ▶

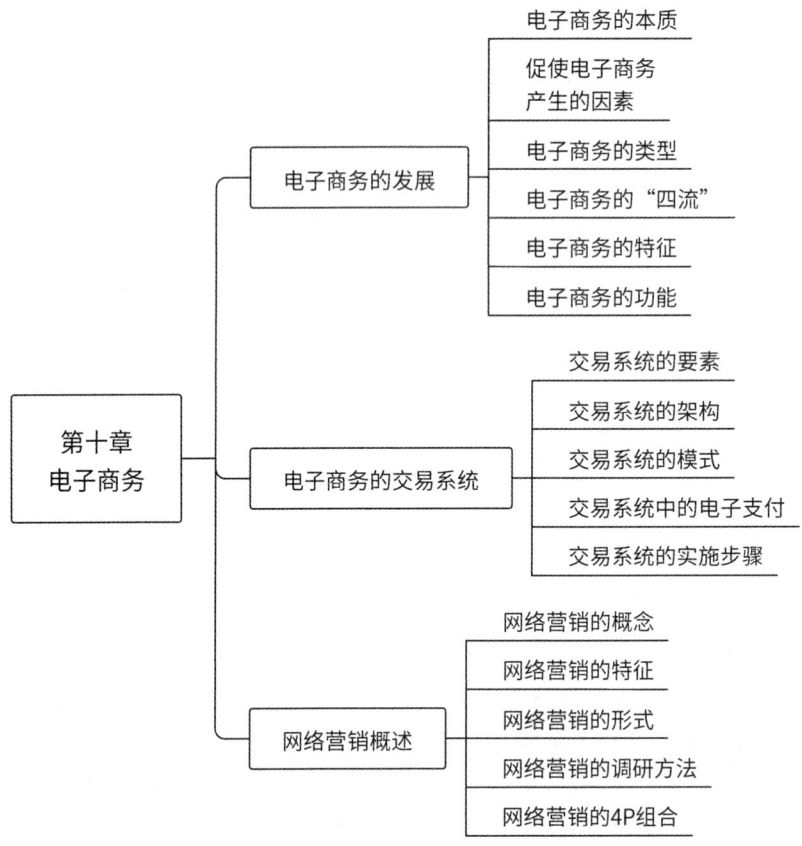

第十章 电子商务

考点1 电子商务的发展 ☆

一、电子商务的本质

电子商务的本质就是商务的电子化。

二、促使电子商务产生的因素

促使电子商务产生的因素包括经济全球化与信息技术革命。

三、电子商务的类型

（一）按照交易的地域范围分类

（1）全球电子商务，即企业的业务范围面向全球各地。

（2）远程国内电子商务，即企业的业务范围面向本国国内。

（3）区域化电子商务，即企业的业务范围只在国内的某个区域内进行。

（二）按照交易的主体分类

（1）以企业为主体，分为企业对消费者的电子商务（B2C）、企业对企业的电子商务（B2B）、企业对政府的电子商务（B2G）。

（2）以消费者为主体，分为消费者对消费者的电子商务（C2C）、消费者对政府的电子商务（C2G）。

（3）以线上为主体，分为线上对线下的电子商务（O2O）。

（三）按照商业活动的运行方式分类

（1）非完全电子商务，即企业的业务活动有一部分是线上的电子商务活动，有一部分是线下的实体店活动。例如网上购买电影票，线下去电影院看电影。

（2）完全电子商务，即企业的业务活动都是在网上进行的，例如软件、音乐等。

四、电子商务的"四流"

（一）"四流"的内容

（1）商流。商流是指物品在交易中发生货币形态和商品形态相互转化的过程，即买方获得了商品，卖方获得了货币的过程。

（2）资金流。资金流是指在商品买卖的过程中发生的资金流动的过程，包括结算、转账、支付等。

（3）物流。物流是指商品的实体流动过程。物流活动包括运输、装卸、搬运、储存、流通加工、包装、配送、信息处理等。

（4）信息流。信息流是指信息在交易主体之间流通的过程。信息流贯穿在整个交易过程中。信息流具有双向沟通的特点。

（二）"四流"的关系

（1）"四流"是一个整体，缺一不可。

（2）商流是动机和目的，同时也是前提和起点。

(3) 资金流是条件。

(4) 物流是终结和归宿。

(5) 信息流是手段。

五、电子商务的特征

(1) 跨时空限制和市场全球化。

(2) 交易虚拟化和交易透明化。

(3) 成本低廉化和服务个性化。

(4) 操作方便化和运作高效化。

六、电子商务的功能

(1) 网上订购。客户在网上选购所需产品。

(2) 电子支付。支付方式是电子支付，不需要现金付款。

(3) 网络调研。企业可以利用网络进行市场调研。

(4) 网上服务。例如一些软件的安装售后都可以在网上进行。

(5) 咨询洽谈。交易双方可以利用网络进行业务的交流。

(6) 交易管理。交易中的人、财、物等信息可以在网络上以信息的形式进行管理。

(7) 广告宣传。企业可以利用网站宣传产品和服务等。

电子商务对企业经营管理产生深刻的影响主要体现在管理思想、企业组织结构、管理模式、生产经营、竞争方式、人力资源管理等方面。

>> 典型例题

1. [多项选择题] 电子商务影响企业经营管理的领域有（　　）。

A. 管理思想

B. 管理模式

C. 组织结构

D. 产品生产工艺

E. 质量检验

[解析] 本题考点为电子商务对企业经营管理的影响。电子商务对企业经营管理产生深远的影响，包括企业的组织结构、管理模式、生产经营、竞争方式、人力资源管理、管理思想等领域。

2. [单项选择题] 按照（　　）划分标准，可以把电子商务分为区域电子商务、远程电子商务和全球电子商务。

A. 交易的主体

B. 开展电子交易的地域范围

C. 运行方式

D. 电子商务的性质

[解析] 本题考点为电子商务的分类。按照开展电子交易的地域范围划分标准,可以把电子商务分为区域电子商务、远程电子商务和全球电子商务。

3. [单项选择题] 下列关于电子商务中商流、资金流、物流、信息流的说法,错误的是( )。

A. 商流是物流、资金流和信息流的起点和前提

B. 商流是动机和目的

C. 资金流是条件

D. 信息流是终结和归宿

[解析] 本题考点为电子商务中商流、物流、信息流和资金流的关系。总体来说,商流是物流、资金流和信息流的起点和前提。商流是动机和目的,资金流是条件,物流是终结和归宿,信息流是手段。故 A、B、C 三项说法均正确,D 项说法错误。

4. [单项选择题] 某企业为了提高服务水平,通过电子商务平台收集用户对服务的意见和偏好,该企业的活动实现了电子商务的( )功能。

A. 广告宣传　　　　　B. 网上订购　　　　　C. 网络调研　　　　　D. 咨询洽谈

[解析] 本题考点为电子商务的功能。收集用户的意见和偏好,即是利用网络进行市场调研,属于网络调研的功能。

答案:1. ABC　2. B　3. D　4. C

考点2　电子商务的交易系统 ☆☆

一、交易系统的要素

(一) 企业

企业是交易系统中的重要主体。企业为消费者提供服务和信息等,是推动电子商务发展的根本力量。

(二) 消费者

消费者是交易系统中的核心要素。

(三) 银行

银行在交易系统中起着货币流通的中介作用,电子商务活动必须要得到银行的支持。

(四) 数字证书认证中心

数字证书认证中心,简称 CA 认证中心,即为了保证交易双方真实性和安全性的第三方信任机构。

(五) 物流配送

高效的物流配送系统是电子商务活动交易顺利进行的重要条件。

(六) 工商、税务和海关等

工商、税务和海关等在电子商务系统中具有相应的协助功能。

二、交易系统的架构

（一）四个支柱

电子商务交易系统的四个支柱，即法律规范、网络安全、公共政策、技术标准。

（二）三个层次

电子商务交易系统的三个层次，即信息发布（传输）层、网络层、一般业务服务层。

三、交易系统的模式

（一）以企业为主体

（1）企业对消费者的电子商务（B2C），即企业和消费者之间的商务活动，包括三个组成部分，即企业网上商店、物流系统和电子支付系统。根据交易商品范围，B2C电子商务可分为垂直型B2C和综合型B2C。例如当当、京东、唯品会等属于典型的综合型B2C模式。

（2）企业对企业的电子商务（B2B），即企业和企业之间的商务活动，包括三种类型，即卖方控制型、中介控制型和买方控制型。例如阿里巴巴、慧聪网就是典型的B2B模式。

（3）企业对政府的电子商务（B2G），即企业和政府管理部门之间的商务活动，目的不是为了盈利。例如政府采购、企业报税等。

（二）以消费者为主体

（1）消费者对消费者的电子商务（C2C），即消费者和消费者之间的电子商务。例如淘宝。

（2）消费者对政府的电子商务（C2G），公民与政府之间的电子商务模式。例如网上报关等。

（三）以线上为主体

形式为线上对线下的电子商务（O2O），即企业线上和消费者线下进行的商务活动。O2O本质上是B2C的一种形式，包括两种类型：

（1）借助第三方平台，如李宁公司和凡客的合作。

（2）"自建官方商城＋连锁店铺"的形式，如苏宁易购。

四、交易系统中的电子支付

（一）电子支付的优势

电子支付的优势包括高效、经济、方便、快捷。

（二）电子支付的类型

1. 按照电子支付的使用工具划分

（1）电子信用卡。例如电话卡、智能卡、借记卡等。

（2）电子货币。例如电子钱包、电子现金等。

（3）电子支票。例如电子划款、电子汇款等。

2. 按照支付发起方式划分

按照支付发起方式划分，电子支付可分为销售点终端交易、自动柜员机交易、网上支付、电话支付、移动支付和其他电子支付。

3. 电子支付常用方式

(1) 银行卡。银行卡是指金融机构向社会发行的信用支付工具,具有消费、转账、存钱、取钱等功能。

(2) 电子货币。买方从兑换处用现金或存款获得相同金额的数据,买方将数据直接转移给支付对象,这种数据称作电子货币。

(3) 网上银行。其优势为成本降低、节约资源、无纸化交易、服务可靠、高效、方便、快捷、简单易用。

(4) 第三方支付。独立的支持交易的平台,能够同时保证买卖双方的权利。例如支付宝和财付通。

(5) 移动支付。移动支付工具包括手机、PDA、移动 PC。

五、交易系统的实施步骤

(一) 确定企业愿景阶段

企业愿景是企业的未来发展宏图,是企业的一个长远目标。

(二) 制定相关战略阶段

企业为了实现企业愿景和企业目标,需要做出一些具体的战略措施。

(三) 选择最佳策略阶段

企业选择策略时,需要确定以下内容:第一,确定运营模式,比如 B2B、O2O 等方式;第二,确定销售渠道的类型,例如自建官网或利用销售平台等;第三,进行品牌管理。

(四) 系统设计与开发任务

(1) 功能设计,企业进行系统设计和开发的首要步骤。

(2) 流程设计,包括内部流程设计、供应商的流程设计、客户的流程设计。

(3) 网站设计,包括艺术设计、整体设计、功能设计、结构设计等方面。

(4) 数据库设计,包括结构设计、程序设计,针对代码、模块、对象等进行设计。

(5) 系统开发,包括动态的网页开发和静态的网页开发,需要的技术有 HTML、Flash、JavaScript 等。

(五) 组织实施阶段

组织实施阶段包括推广网站、网站试运行、评估反馈、完善网站、全面实施网站活动等。

》 典型例题

1. [单项选择题] 下列电子商务运作系统的组成要素中,(　　)是推动电子商务发展的根本力量。

A. 消费者　　　　　　　　　　　　B. 企业

C. CA 认证中心　　　　　　　　　　D. 银行

[解析] 本题考点为电子商务交易系统中的要素。其中,企业是交易系统中的重要主体。企业为消费者提供服务和信息等,是推动电子商务发展的根本力量。

2. [单项选择题] 电子商务运作系统中，保证相关主体身份真实性和交易安全性的机构是（　　）。

A. 企业　　　　　　　　　　　　　B. 物流配送机构

C. CA 认证中心　　　　　　　　　　D. 银行

[解析] 本题考点为电子商务交易系统中的要素。其中，CA 认证中心是为了保证交易双方真实性和安全性的第三方信任机构。

3. [多项选择题] 从结构层次的角度看，电子商务系统的框架结构包括（　　）。

A. 物流层　　　　　　　　　　　　B. 客户关系层

C. 网络层　　　　　　　　　　　　D. 信息发布（传输）层

E. 一般业务服务层

[解析] 本题考点为电子商务系统的三个层次。电子商务系统的三个层次是一般业务服务层、信息发布层和网络层。

4. [单项选择题] O2O 电子商务实现线上与线下协调集成，其本质属于（　　）。

A. O2O 电子商务　　　　　　　　　B. C2C 电子商务

C. B2C 电子商务　　　　　　　　　D. B2O 电子商务

[解析] 本题考点为电子商务的交易模式。其中，O2O 电子商务是指线上与线下协调集成的电子商务，是 B2C 的一种特殊形式。所以，其本质属于 B2C 电子商务。

5. [多项选择题] 与传统支付方式相比，电子支付的优势主要有（　　）。

A. 高效　　　　　　　　　　　　　B. 快捷

C. 经济　　　　　　　　　　　　　D. 方便

E. 无风险

[解析] 本题考点为电子支付的优势。电子支付的优势包括方便、快捷、经济、高效。

6. [单项选择题] 在电子商务的运作过程中，电子商务网站推广属于（　　）阶段的工作。

A. 制定电子商务战略　　　　　　　B. 选择电子商务策略

C. 系统设计与开发　　　　　　　　D. 电子商务组织实施

[解析] 本题考点为电子商务活动交易系统的实施步骤。电子商务组织实施的活动包括电子商务网站推广、试运行、评估反馈、完善、全面实施等。

答案：1. B　2. C　3. CDE　4. C　5. ABCD　6. D

考点3　网络营销概述☆☆☆

一、网络营销的概念

企业基于网络及社会关系网络，连接企业、用户及公众，向用户及公众传递有价值的信息与服务，为实现顾客价值及企业营销目标所进行的规划、实施及运营管理活动。

二、网络营销的特征

（1）经济性。与传统市场营销活动相比，网络营销节约了部分成本，减少了因反复多次交换导致的损耗，具有经济性的特征。

（2）交互式。利用网络技术，企业和消费者可以相互沟通，详细了解产品和服务的信息。

（3）个性化。网络的产品和服务具有一一对应的特征，可以满足不同消费者的不同需求。

（4）多维性。利用先进的技术，可以把产品服务信息用多种形式呈现，比如图片、音频、视频等。

（5）高效性。互联网传递的信息准确快速，能及时满足消费者的需求。

（6）整合性。企业利用网络将商品信息发布、收款和售后服务集成一体。

（7）超前性。企业通过互联网统计分析消费者的消费信息，可以预测消费者的消费偏好，生产和销售超前的产品和服务。

（8）技术性。网络营销需要互联网技术的支持。

（9）跨时域性。网络营销活动可以跨越时间和区域的障碍。

三、网络营销的形式

（1）博客营销。通过博客网站或博客论坛来宣传企业的商品或服务的活动。

（2）BBS营销，即电子论坛营销。企业利用各大论坛来宣传企业相关信息。

（3）电商直播营销。电商主播基于网络平台和网络技术，实时地与网络消费者互动，达到促销商品的目的。

（4）SNS营销，即社会性网络服务。企业利用人人网、Facebook等平台传递企业产品服务信息的方式。

（5）搜索引擎营销。企业利用百度等相关搜索引擎平台，将企业营销信息传递给消费者。

（6）网络视频营销。企业将包含企业产品信息的视频短片放在互联网上，吸引消费者的关注度。

（7）网络图片营销。企业把预先设计好的图片放在网上进行企业品牌和服务宣传。

（8）网络软文营销，又称网络新闻营销。企业通过网络平台宣传一些具有阐述性和新闻性的文章，吸引公众的注意力。

（9）网络事件营销。企业通过精心策划的事件来达到让消费者参与讨论，吸引消费者注意力的目的。

（10）网络口碑营销。企业把口碑营销和网络技术结合起来的营销方式。

（11）网络直复营销。企业通过网络直接把产品和服务销售给消费者的方式，比如B2C、B2B等。

（12）即时通信营销。企业利用即时通信工具，比如QQ、微信等宣传企业产品和服务。包括广告和网络在线交流两种形式。

（13）病毒式营销。建立在口碑传播原理的基础上的一种在互联网上传播企业产品服务信息的方式。

（14）网络知识性营销。企业利用百度的"知道""百科"或企业网站来宣传企业信息的方式。

四、网络营销的调研方法

（一）网络营销间接调研的方法

(1) 从网上数据库查找资料。网络数据库有免费和付费两种形式。

(2) 登录相关网站收集资料。调查者可以利用相关信息的网站获取所需资料。

(3) 通过搜索引擎搜索相关资料。利用搜索引擎，输入相关关键词，搜出相关信息。

（二）网络营销直接调研法

(1) 专题讨论法。调查者可以通过电子公告牌、邮件列表、新闻组等形式进行讨论。

(2) 网上观察法。调查者利用软件和记录网络浏览者的相关活动来进行调查的方法。

(3) 网上实验法。调查者可以利用广告在网页、新闻组、电子邮件上进行实验。

(4) 在线问卷法。利用网站的浏览者参与企业的各种形式的调研。

五、网络营销的4P组合

网络营销的4P组合包括网络营销的产品、促销、渠道、价格4个方面。

(1) 网络营销的产品标准，包括廉价性、时尚性、标准性和重构性。

(2) 网络营销的促销形式，包括红包促销、满减促销、积分促销、虚拟货币促销、折扣促销等。

(3) 网络营销的渠道方式，包括分销网络、快递网络、生产网络、服务网络、会员网络。

(4) 网络营销的价格特点，包括趋低化、弹性化、价格解释体系、国际化。

>> 典型例题

1. [单项选择题] 企业通过互联网展示商品图像、提供商品信息查询来实现供需互动与双向沟通。这体现了网络营销的（　　）。

A. 多维性　　　　　　　　　　B. 交互性

C. 经济性　　　　　　　　　　D. 整合性

[解析] 本题考点为网络营销的特点。其中，交互式的特点体现在互联网通过展示商品图像、提供商品信息查询来实现供需互动与双向沟通。

2. [单项选择题] 企业将品牌、产品和服务的信息以新闻报道的方式在门户网站传播，这种网络营销属于（　　）。

A. 网络口碑营销　　　　　　　B. 网络直复性营销

C. 网络软文营销　　　　　　　D. 网络事件营销

[解析] 本题考点为网络营销的形式。其中，网络软文营销又称网络新闻营销，是指通过网络上的门户网站、地方或行业网站等平台传播一些具有阐述性、新闻性和宣传性的文章，包括一些网络新闻报道通稿、深度报道、案例分析等，把企业、品牌、人物、产品、服务、活动项目等相关信息以新闻报道的方式，及时、全面、有效、经济地向社会公众广泛传播的新型营

销方式。

3. [单项选择题] 下列网络营销活动中,属于即时通信营销的是( )。

A. 论坛发帖宣传　　　　　　　　　　B. 博客宣传

C. 网络在线交流　　　　　　　　　　D. 网络视频宣传

[解析] 本题考点为即时通信营销。即时通信营销是指企业利用即时通信工具,比如QQ、微信等宣传企业产品和服务,包括广告和网络在线交流两种形式。

4. [多项选择题] 下列网络市场调查的方法中,属于网络市场直接调研方法的有( )。

A. 搜索引擎法　　　　　　　　　　　B. 网上观察法

C. 在线问卷法　　　　　　　　　　　D. 网上实验法

E. 网上数据库法

[解析] 本题考点为网络营销直接调研法。网络市场直接调研的方法包括网上观察法、专题讨论法、在线问卷法和网上实验法,故B、C、D三项正确。A、E两项属于网络市场间接调研的方法。

答案:1.B　2.C　3.C　4.BCD

第十一章

国际商务运营

大纲再现

1. 理解国际商务的含义、类型及特征，辨别跨国公司的法律组织形式、管理组织形式和市场进入方式。
2. 辨析国际直接投资的形式，理解国际直接投资的动机和基本理论，区别国际直接投资企业的建立方式。
3. 了解国际商务谈判和合同签订的流程及相关术语，掌握国际商品出口和进口的主要业务环节。

大纲解读

本章内容专业性较强，涉及国际商务的类型特征、跨国公司、国际直接投资理论和实务、国际商务谈判和国际商务合同签订、国际商品进出口主要业务环节等。学习本章时，需要结合生活实例进行理解和记忆。

知识脉络

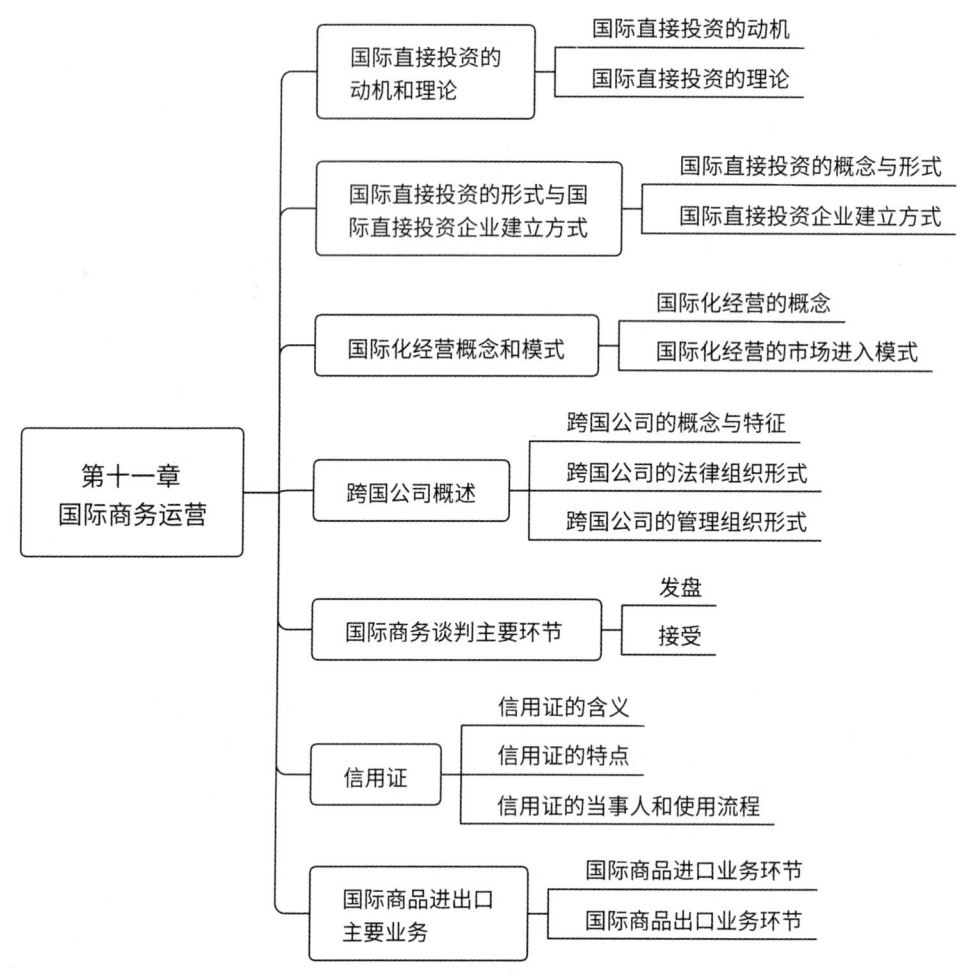

第十一章 国际商务运营

考点1 国际直接投资的动机和理论 ☆☆☆

一、国际直接投资的动机

国际直接投资的动机有时也称国际直接投资的目的，它主要是从必要性的角度阐明投资者在进行投资决策时所考虑的主要因素。国际直接投资的动机类型见表11-1。

表11-1 国际直接投资的动机类型

动机类型	目的	情形
市场导向型动机	巩固、扩大和开辟市场	（1）为突破外国贸易保护主义的限制而到国外投资设厂 （2）为了给顾客提供更多的服务，巩固和扩大国外市场占有份额，而到当地投资生产或服务维修设施 （3）企业为了更好地接近目标市场，满足当地消费者的需要而进行对外直接投资 （4）国内市场饱和或者受到强有力的竞争，转而对外投资
降低成本导向型动机	降低成本	（1）出于获取自然资源和原材料方面的考虑 （2）出于利用国外便宜的劳动力和土地等生产要素方面的考虑 （3）出于规避汇率风险方面的考虑 （4）出于利用各国关税税率的高低来降低生产成本的考虑 （5）出于利用闲置的设备、工业产权与专有技术等技术资源方面的考虑
技术与管理导向型动机	获取和利用国外先进的技术、生产工艺、新产品设计和先进的管理知识等	
分散投资风险导向型动机	主要目的是分散和减少企业所面临的各种风险，也就是"不要把所有鸡蛋放在一个篮子里"	
优惠政策导向型动机	主要目的是利用东道国政府的优惠政策以及母国政府的鼓励性政策	

二、国际直接投资的理论

（一）产品生命周期理论

按照美国经济学家雷蒙德·弗农的观点，产品生命周期分为四个阶段：

（1）产品介绍期阶段。新产品处于研制阶段，只能在技术创新国家进行试验、试制和试销，无法对外出口和投资。

（2）产品成长期阶段。此时，新产品已经定型，由技术密集投资阶段进入资本密集投资阶段。拥有该产品技术专利的企业选择在国内生产，并通过出口贸易满足其他国家的需求。

（3）产品成熟期阶段。此时，在国际市场上出现了仿制品，技术创新国际的企业会到其他发达的国家或者地区进行直接投资，由资本密集投资阶段进入了劳动密集投资阶段。

（4）产品衰退期阶段。此时，新产品已经进入了标准化阶段。发达国家的生产企业开始向发展中国家进行投资建厂，生产该产品。最初的技术创新国家开始从发展中国家进口该产品。

（二）边际产业扩张理论

按照日本经济学家小岛清的观点，投资国应从处于或即将处于比较劣势的边际产业开始，积极促进制造业中的中小企业开拓对外直接投资，这样就可以将东道国因缺少资本、技术和管理经验而没有发挥的潜在比较优势挖掘出来。

(三) 国际生产折中理论

按照英国经济学家约翰·哈里·邓宁的观点，企业的优势包括：

(1) 所有权优势，又称厂商优势，是指某企业拥有的其他企业所没有或无法获得的资产、技术、规模和市场等方面的优势。

(2) 内部化优势，是指跨国公司将其所拥有的资产加以内部化使用而带来的优势。

(3) 区位优势，是指跨国公司在投资区位上具有的选择优势。

国际生产折中理论见表11-2。

表11-2 国际生产折中理论

具备优势	参与国际活动的形式
所有权优势	技术转让
所有权优势和内部化优势	出口贸易
所有权优势、内部化优势和区位优势	对外直接投资

>> 典型例题

1. [单项选择题] 根据国际生产折中理论，某企业只选择以技术转让方式参与国际经济贸易，则该企业具备的优势是（　　）。

A. 所有权优势

B. 内部化优势

C. 区位优势

D. 所有权优势和内部化优势

[解析] 本题考点为国际生产折中理论。如果企业仅拥有一定的所有权优势，则只能选择以技术转让的形式参与国际经济活动；如果企业同时拥有所有权优势和内部化优势，则出口贸易是参与国际经济活动的一种较好形式；如果企业同时拥有所有权优势、内部化优势和区位优势，则发展对外直接投资是参与国际经济活动的较好形式，可以进一步实现利润的最大化。

2. [单项选择题] 根据雷蒙德·弗农的产品生命周期理论，下列说法错误的是（　　）。

A. 在成熟期，技术创新国企业会到其他发展中国家开展对外直接投资

B. 在介绍期，技术创新国通常没有该产品的对外出口活动

C. 在成长期，技术创新国企业通过出口该产品满足国际市场需求

D. 在衰退期，技术创新国开始从其他发展中国家进口该产品

[解析] 本题考点为雷蒙德·弗农的产品生命周期理论。在成熟期，厂商会到其他发达国家开展对外直接投资，A项错误。

答案：1. A　2. A

第十一章 国际商务运营

考点2 国际直接投资的形式与国际直接投资企业建立方式 ☆☆

一、国际直接投资的概念与形式

（一）国际直接投资的概念

国际直接投资又称外国直接投资，是指以控制国（境）外企业的经营管理权为核心的对外投资。

（二）国际直接投资的形式

（1）国际合资企业，指外国投资者和东道国投资者为了一个共同的投资项目联合出资，按东道国有关法律在东道国境内建立的企业。其特点包括：①国际合资企业是股权式合营企业。②"四同"：共同投资、共同经营、共担风险、共享利润。③国际合资企业是国际直接投资中最常用的形式。

建立国际合资企业的优势如下：

①进入特定的地区市场或者国际市场。

②合营各方可以在资金、技术等方面相互补充，增强合营企业竞争力。

③有利于获得当地的重要原料、资源或者生产基地。

④有利于合营各方吸收对方的经营管理技能，获得有价值的经营、销售和技术人员。

⑤有利于扩大企业的现有生产规模，迅速了解和满足境外市场的需求变化。

⑥有助于缓解东道国的民族意识，克服企业文化差异，获取税收减免利益和其他优惠利益，分散或者减少国际投资中的风险。

⑦有利于更好地了解东道国的政治、经济等，克服差别待遇和法律障碍。

建立国际合资企业的劣势如下：

①容易因为投资各方在目标、经营决策和管理方法、市场和销售意向方面存在分歧而产生摩擦。

②不同投资者的长短期利益难以统一，影响企业的正常运转。

（2）国际合作企业，指外国投资者和东道国投资者在签订合同的基础上，依照东道国法律共同设立的企业。其最大特点为：合作各方的权利、义务均由各方通过磋商在合作合同中约定，是典型的契约式合营企业。国际合作企业的优势、劣势与国际合资企业类似，但国际合作企业在企业形式、利润分配和资本回收等方面可以采取更为灵活的形式。

（3）国际独资企业，指外国投资者依照东道国法律在东道国设立的全部资本为外国投资者所有的企业。其特点为：独自投资，独立承担风险，单独经营、管理，独享经营利润。

建立国际独资企业的优势如下：

①企业的设立和经营均由投资者依法自选确定，不存在与其他投资者的冲突。

②具有整体经营弹性，母公司可以根据总体经营战略需要调整子公司的经营活动，从而可以取得最大的总体效益。

③具有财务管理弹性，在增加股本和再投资、汇出盈余、股息政策和公司内部融资等方面均不会受到更多的牵制。

④在专利、特许权、技术授权的确定和管理费用的收取方面享有较大的弹性。

⑤在投入资本的选择方面有较大的自由。

⑥独享企业机密和垄断优势,减少扩散的不利影响。

⑦免除共同投资者之间的摩擦及管理中的难题,避免与当地投资者的冲突。

⑧独享经营成果。

⑨母公司可以独自享有税收优惠方面的利益。

建立国际独资企业的劣势如下:

①更容易受到东道国政策和法律的限制。

②对资本的要求较高,有较高的经营风险。

③企业设立的具体事宜和项目工程的营建都需要企业自行办理,对新进入一个国家的企业尤其不方便。

④不容易克服东道国社会和文化环境的差异。

二、国际直接投资企业建立方式

(一) 在东道国建立新企业的方式

在东道国建立新企业的方式及优缺点见表11-3。

表11-3 在东道国建立新企业的方式及优缺点

项目		具体内容
新建方式（绿地投资）		(1) 由外国投资者投入全部资本,在东道国设立一个拥有全部控制权的企业 (2) 由外国投资者与东道国投资者共同出资,在东道国设立一个合资企业,但它们是在原来没有的基础上新建的企业
优缺点	优点	(1) 创建新的企业不易受到东道国法律和政策上的限制,也不易受到当地舆论的抵制 (2) 在多数国家,创建海外企业比收购海外企业的手续简单 (3) 在东道国创建新的企业,尤其是合资企业,常会享受到东道国的优惠政策 (4) 对新创立海外企业所需要的资金一般能作出准确的估价,不会像收购海外企业那样遇到烦琐的后续工作
	缺点	(1) 投资建设周期长,开业比较慢 (2) 不利于迅速进入东道国以及其他国家市场 (3) 不利于迅速进行跨行业经营,迅速实现产品与服务多样化

(二) 并购东道国企业的方式

并购东道国企业的方式及优缺点见表11-4。

表11-4 并购东道国企业的方式及优缺点

项目		具体内容
概念	并购（购并）	收购和兼并的简称,指一个企业将另一个正在运营中的企业纳入自己的企业之中,或实现对其控制的行为
	跨国并购	又称境外企业收购,是指外国投资者通过一定的程序和渠道依法取得东道国某企业部分或者全部所有权的行为
		【小贴士】跨国并购就是"跨国婚姻"

续表

项目		具体内容
优缺点	优点	（1）可以利用目标企业现有的生产设备、技术人员和熟练工人，获得对并购企业发展有用的技术、专利和商标等无形资产，同时还可以缩短项目的建设周期 （2）可以利用目标企业原有的销售渠道，较快地进入当地以及他国市场，不必经过艰难的市场开拓阶段 （3）通过跨行业的并购活动，可以迅速扩大经营范围和扩充经营地点，增加经营方式，促进产品的多样化和生产规模的扩大 （4）可以减少市场上的竞争对手 （5）并购后再次出售目标公司的股票或资产可以使并购公司获得更多利润
	缺点	（1）由于被并购企业所在国的会计准则与财务制度往往与投资者所在国存在差异，有时候难以准确评估被并购企业的真实情况，这导致并购目标企业的实际投资金额提高 （2）东道国反托拉斯法的存在以及对外来资本股权和被并购企业行业的限制，是并购行为在法律和政策上的限制因素 （3）当对一国的并购数量和并购金额较大时，常会受到当地舆论的抵制 （4）被并购企业原有契约或传统关系的存在，会成为对其进行改造的障碍，如被并购企业的人员安置问题

>> 典型例题

1. [单项选择题] 当前国际直接投资中最常用的形式是（　　）。

A. 国际合资企业

B. 国际合作企业

C. 国际独资企业

D. 国际组织

[解析] 本题考点为国际直接投资的形式。国际直接投资的主要形式有国际合资企业、国际合作企业和国际独资企业。其中，国际合资企业是指外国投资者和东道国投资者为了一个共同的投资项目联合出资，按东道国有关法律在东道国境内建立的企业。国际合资企业是当前国际直接投资中最常用的形式。

2. [多项选择题] 关于国际独资企业，下列说法正确的有（　　）。

A. 容易受到东道国政策和法律限制

B. 难以保存企业机密和垄断优势

C. 不容易克服与东道国在社会和文化环境方面差异造成的阻碍

D. 增加股本和投资方面受牵制

E. 容易与其他投资者冲突

[解析] 本题考点为国际独资企业。建立国际独资企业的优势包括：①企业的设立和经营均由投资者依法自选确定，不存在与其他投资者的冲突；②具有整体经营弹性，母公司可以根据总体经营战略需要调整子公司的经营活动，从而可以取得最大的总体效益；③具有财务管理弹性，在增加股本和再投资、汇出盈余、股息政策和公司内部融资等方面均不会受到更多的牵制；④在专利、特许权、技术授权的确定和管理费用的收取方面享有较大的弹性；⑤在投入资

本的选择方面有较大的自由；⑥独享企业机密和垄断优势，减少扩散的不利影响。⑦免除共同投资者之间的摩擦及管理中的难题，避免与当地投资者的冲突；⑧独享经营成果，尤其是当投资者具有垄断利润时更是如此；⑨母公司可以独自享有税收优惠方面的利益。劣势包括：①更容易受到东道国政策和法律的限制；②对资本的要求较高，有较高的经营风险；③企业设立的具体事宜和项目工程的营建都需要企业自行办理，对新进入一个国家的企业尤其不方便；④不容易克服东道国社会和文化环境的差异。

答案：1. A 2. AC

考点3 国际化经营概念和模式 ☆☆

一、国际化经营的概念

国际化经营是指企业从国内经营走向跨国经营，从国内市场进入国外市场，在国外设立多种形式的组织，对国内外的生产要素进行配置，在一个或若干个经济领域进行经营活动的战略。

二、国际化经营的市场进入模式

（一）出口模式

出口模式包括间接出口和直接出口两种形式，具体内容见表11-5。

表11-5 出口模式的形式

项目		具体内容
间接出口		指企业通过设在本国的各种外贸机构或国外企业设在本国的分支机构出口自己的产品和服务
	有利因素	可以以很少的投入有效地增加企业的产出
	不利因素	企业通过间接出口的方式进入国际市场的潜力很小，控制海外营销活动的能力极为有限
	【记忆核心】	间接出口：企业→机构→消费者
直接出口		指企业把产品直接卖给国外的客户或最终用户，而不是通过国内的中间机构转卖给国外顾客
	特点	(1) 要求企业有自己的国际营销渠道，有专人负责出口营销的管理工作 (2) 与间接出口相比，直接出口投资较多、风险一般也比间接出口大，但潜在的报酬也较高 (3) 直接出口弥补了间接出口的缺陷。企业从事直接出口活动可以为进一步提高国际化经营水平奠定良好的基础，对调整经营战略、占领国际市场、树立企业的形象具有重要意义 (4) 直接出口要求企业投入的资源多，对企业内部专业人才和管理水平的要求也比间接出口高得多
	【记忆核心】	直接出口：企业→消费者

（二）许可模式

1. 许可模式和许可贸易的概念

许可模式又称技术授权，其主要方式是许可贸易。许可模式和许可贸易的概念见表11-6。

表 11-6　许可模式和许可贸易的概念

模式	概念
许可模式	指技术许可企业通过签订合同的方式，向技术受许可企业提供必需的专利、商标或专有技术的使用权以及产品的制造权和销售权。受许可企业应支付使用费，并承担保守秘密等义务
许可贸易	本国专利权所有人、商标所有人或专有技术所有人（许可方）向国外企业（被许可方）授予某项权利，允许其利用许可方拥有的技术制造、销售该技术项下的产品，并由被许可方支付一定数额的报酬

2. 许可贸易的分类

许可贸易的分类见表 11-7。

表 11-7　许可贸易的分类

划分标准	具体分类	
从授权的内容划分	专利许可、商标许可和专有技术转让（许可）	
根据使用技术的地域范围和使用权的大小划分	独占许可	指在一定期限和区域内，被许可方对许可证协议下的技术享有独占使用权，许可方不在该时间、该地区使用此技术，也不向第三方转让
	排他许可	指在一定期限和区域内，除被许可方可以使用许可证协议下的技术外，许可方自己也可以继续使用，但不得将这项技术再转让给第三方
	普通许可	指在一定期限和区域内，许可方除可以自己继续使用外，也可以将许可证协议下的技术转让给第二方使用，还可将这项技术转让给第三方
	分许可	指技术被许可方还可将其被许可使用的技术转让给第三方使用
	交叉许可	指技术交易的双方通过许可证协议相互交换各自的技术使用权，一般不收取费用

3. 许可模式的主要优缺点

许可模式的主要优缺点见表 11-8。

表 11-8　许可模式的主要优缺点

项目	优点	缺点
许可模式	(1) 进入市场的风险较小，要求企业的参与程度和资源投入都较低 (2) 有利于利用被许可方的市场网络	(1) 限制了企业对国际目标市场容量的充分利用，企业并未真正地融入外部市场 (2) 许可方有可能失去对国际目标市场的营销规划和方案的控制 (3) 许可方在控制被许可方保证质量和服务标准方面将受到许多限制 (4) 技术转让可能制造出自己的竞争对手，从而使技术出让方处于不利地位 (5) 许可方还有可能因为权利、义务问题陷入纠纷、诉讼，使企业得不偿失，事与愿违，耽误企业的国际化进程

（三）国际直接投资模式

国际直接投资模式的相关内容见表 11-9。

表 11-9　国际直接投资模式

项目	具体内容	
国际直接投资企业的方式	收购	收购原有企业只是改变一家企业的所有者，对现有资产进行重组
	新建	新建会导致生产能力、产出和就业的增长
		新建企业需要进行大量的筹建工作，速度慢、周期长，与收购相比有较大的不确定性

续表

项目		具体内容
国际直接投资的形式（根据母公司对子公司的控制程度不同划分）	独资	指由母公司全资投入与经营，并根据东道国法律在当地注册登记的独立法人
	合营	指来自不同国家的两个或两个以上的母公司，为生产、营销、财务和管理上的共同利益，将各自的资源组合在一起形成某种合伙关系，并以此为基础而形成的企业
		股权式合营和契约式合营
国际直接投资模式特点		花费资源最多、面临风险最大，但同时对市场的渗透最完全，获得的控制权也最强

>> 典型例题

[单项选择题] 国际化经营中花费资源最多、面临风险最大的模式是（ ）。

A. 出口模式　　　　　　　　　　B. 合同模式

C. 内销模式　　　　　　　　　　D. 国际直接投资模式

[解析] 本题考点为国际化经营的市场进入模式。国际直接投资模式特点是花费资源最多、面临风险最大，但同时对市场的渗透最完全，获得的控制权也最强，故 D 项正确。

答案：D

考点4　跨国公司概述☆☆

一、跨国公司的概念与特征

跨国公司的概念与特征见表 11-10。

表 11-10　跨国公司的概念与特征

项目	具体内容
概念	指在两个或两个以上的国家从事经营活动，有一个统一的中央决策体系和全球战略目标，其遍布全球的各个实体分享资源和信息并分担相应的责任
特征	(1) 跨国公司以整个世界市场为目标市场 (2) 在全球战略指导下进行集中管理 (3) 具有明显的内部化优势。通过制定内部划拨价格、优先转让先进技术和共享信息资源等，实现跨国公司交易内部化 (4) 经营手段以直接投资为基础。向国外市场渗透有三种方式：商品输出、无形资产转让（技术贸易、合同制造等）和对外直接投资

二、跨国公司的法律组织形式

跨国公司的法律组织形式见表 11-11。

表 11-11 跨国公司的法律组织形式

项目	具体内容
母公司	指掌握其他公司的股份，从而实际上控制其他公司业务活动并使它们成为自己附属公司的公司
分公司	指母公司的一个分支机构或附属机构，在法律上和经济上没有独立性，不是法人
分公司	特点：①没有自己独立的公司名称和章程；②没有自己独立的财产权，全部资产都属于母公司；③母公司对其债务负无限责任；④分公司的业务活动由母公司主宰，以母公司名义并根据它的委托开展业务活动
子公司	指按当地法律注册成立，由母公司控制但法律上是一个独立的法律实体的企业机构
子公司	特点：①自身是一个完整的公司，有独立的名称、章程和行政管理机构；②有自己能独立支配的财产，自负盈亏；③可以以自己的名义开展业务
联络办事处	母公司在海外设立企业的初级形式，是为进一步打开海外市场而设立的一个非法律实体的机构，它不构成企业
联络办事处	特点：①联络办事处登记手续简单；②联络办事处只能开展一些信息收集、联络客户、推销产品之类的活动，不能在东道国从事投资生产、接受信贷、谈判签约等业务；③由于不能直接在东道国开展业务，联络办事处不必向所在国缴纳所得税

三、跨国公司的管理组织形式

跨国公司的管理组织形式见表 11-12。

表 11-12 跨国公司的管理组织形式

项目	定义	优点	缺点
国际业务部	在企业内部设立国际业务部，该国际业务部拥有全面的专营权，负责公司在母国以外的一切业务	(1) 集中加强对国际业务的管理 (2) 树立体现全球战略意图的国际市场意识，提高职员的国际业务水平	(1) 人为地将国内、国外业务割裂开来，容易造成两个部门的对立，不利于资源优化配置 (2) 发展到一定阶段，其他部门难以与之匹配，反而影响经营效率
全球产品结构	跨国公司在全球范围设立各种产品部，每个产品部全权负责其产品的全球性计划、管理和控制	加强了产品的技术、生产和信息的统一管理，最大限度地减少了国内和国际业务的差别	(1) 容易向"分权化"倾斜，各产品部自成体系，不利于公司对全局性问题的集中统一管理 (2) 削弱了地区性功能，并容易造成机构设置重叠，资源浪费
全球性地区结构	跨国公司以地区为单位，设立地区分部从事经营，每个地区分部都对公司总裁负责。这种结构又可以分为"地区—职能式"和"地区—产品式"	强化了各地区分部的盈利中心和独立实体地位，有利于制定出针对性强的产品营销策略，适应不同市场的需求，发挥各地区分部的积极性和创造性	(1) 容易形成区位主义观念，重视地区业绩而忽视公司的全球战略目标和总体利益 (2) 忽视产品多样化，难以开展跨地区的新产品的研究与开发

续表

项目	定义	优点	缺点
全球职能结构	跨国公司的一切业务都围绕公司的生产、销售、研发、财务等主要职能展开，设立职能部门，各个部门都负责该项职能的全球性业务，分管职能部门的副总裁向总裁负责	(1) 通过专业化的分工，明确了职责，提高了效率 (2) 易于实行严格的规章制度 (3) 有利于统一成本核算和利润考核	难以开展多种经营和实现产品多样化，并给地区间协作造成很大的困难
全球混合结构	跨国公司将上述两种或两种以上的组织结构结合起来设置分部而形成的组织结构	有利于企业根据特殊需要和业务重点，选择或采用不同的组织结构，灵活性强	(1) 组织结构不规范，容易造成管理上的脱节和冲突 (2) 所设部门之间的业务差异大，不利于合作与协调
矩阵式组织结构	一些大的跨国公司在明确债权关系的前提下，对公司业务实行交叉管理和控制，即将职能主线和产品/地区主线结合起来，纵横交错，形成矩阵形组织	(1) 可以将各种因素综合起来，增强公司的整体实力 (2) 增强了各公司的应变能力，既可以应付复杂多变的国际业务环境，又保持了母公司对各子公司的有效控制	(1) 冲破了传统的统一管理的原则，管理层之间容易发生冲突 (2) 组织结构比较复杂，各层次的关系利益不容易协调

>> 典型例题

1. [单项选择题] 能提高效率，有利于统一成本核算和利润考核，但难以实现产品多样化的跨国公司管理组织形式是（　　）。

A. 全球产品结构　　　　　　　　B. 全球性地区结构

C. 全球职能结构　　　　　　　　D. 全球混合结构

[解析] 本题考点为全球职能结构。全球职能结构是跨国公司的一切业务都围绕公司的研发、生产、销售、财务等主要职能展开，设立职能部门，每个部门都需负责该项职能的全球性业务，分管职能部门的副总裁向总裁负责。该组织形式的优点是：通过专业化的分工，明确了职责，提高了效率；易于实行严格的规章制度；有利于统一成本核算和利润考核。

2. [多项选择题] 跨国公司设立分公司的优点包括（　　）。

A. 设立手续比较简单　　　　　　B. 可享受税收优惠

C. 便于管理　　　　　　　　　　D. 有利于业务保密

E. 有利于发挥创造性

[解析] 本题考点为跨国公司的法律组织形式。分公司是母公司的一个分支机构或附属机构，在法律上和经济上没有独立性，不是法人。设立分公司的优点包括：①设立手续比较简单；②可享受税收优惠，由于不是独立核算法人，其亏损可以在母公司税前利润中扣除，利润汇出不缴纳利润汇出税；③便于管理；④在某些方面受东道国管制较少，东道国对该分公司在该国以外的财产没有管辖权，因此分公司在东道国之外转移财产比较方便。

答案：1. C　2. ABC

考点5　国际商务谈判主要环节 ☆☆

国际商务谈判的主要环节包括询盘、发盘、还盘和接受。下面主要介绍发盘和接受两个环节。

一、发盘

（一）发盘的含义

发盘，又称报价或者报盘，在法律上叫作"要约"，是指买卖双方向对方提出相关交易条件，并表示愿意按照商定的交易条件订立合同，达成交易。发盘可由卖方提出，称作售货发盘，也可由买方提出，称作购货发盘，习惯上称"递盘"。按照发盘人是否受约束，发盘可分为实盘和虚盘两种类型。

（二）发盘的构成要件

构成发盘的要件包括：①表明订约意旨；②面向一个或一个以上的特定受盘人提出；③发盘的内容，即数量和价格必须要十分确定；④传达到受盘人。

（三）发盘的生效时间

根据《联合国国际货物销售合同公约》规定，发盘必须在到达受盘人时才会生效。

（四）发盘的撤回

发盘的撤回是指发盘人在发出要约之后，其发盘尚未到达受盘人之前，即在发盘尚未生效之前，将该发盘取消。

（五）发盘的撤销

发盘的撤销是指发盘人在其要约已经送达受盘人后，发盘已经生效，将该项发盘取消。

（六）发盘的失效

发盘失效的情况包括：①发盘人依法撤销；②有效期已过；③受盘人拒绝而失效；④发生不可抗力事件；⑤发盘人或受盘人丧失民事行为能力；⑥受盘人还盘。

二、接受

（一）接受的含义

接受在法律上称承诺，是国际商务谈判的一方在发盘有效期内，无条件同意发盘中的各项条件，并愿意接受这些条件，且愿意订立合同的一种表示。

（二）接受的构成要件

构成接受的要件包括：①接受必须由受盘人做出；②接受必须与发盘相符；③接受必须在发盘规定的有效时间内做出；④接受通知的传递方式应该符合发盘的要求条件；⑤接受必须用声明或实际行动表示出来。

（三）接受的生效时间

《联合国国际货物销售合同公约》规定，接受的生效时间包括：①受盘人采取实际行动生效；②在送达发盘人时生效。

（四）接受的撤回

根据《联合国国际货物销售合同公约》规定，受盘人在接受原发盘的通知之前，可以撤回接受，或同时送达发盘人时，接受也可以撤回。

（五）接受的修改

若接受已经生效，那么不能修改其内容，否则就是违约。

（六）接受的逾期

接受逾期有两种情况，一是受盘人主观上有过错，导致接受逾期；二是受盘人主观上没有过错，而接受逾期。无论哪种情况，其是否有效关键看发盘人如何表态。

» 典型例题

[多项选择题] 下列属于发盘失效的情形有（　　）。

A. 受盘人还盘
B. 发盘中规定的有效期届满
C. 政府禁令或限制措施
D. 缺少主要交易条件
E. 在发盘被接受前，当事人死亡

[解析] 本题考点为发盘的失效。发盘失效的情形有：①受盘人还盘；②发盘人依法撤销发盘；③发盘中规定的有效期届满；④不可抗力造成发盘的失效，如政府禁令或限制措施；⑤在发盘被接受前，当事人丧失行为能力，死亡或法人破产等，故选 A、B、C、E 四项。

答案：ABCE

考点6　信用证☆☆☆

一、信用证的含义

信用证是由银行开立的，一种有条件的承诺性付款的书面文件。

二、信用证的特点

信用证的特点包括：①信用证本质上是银行信用的一种类型；②信用证是不受买卖合同约束的独立性文件；③信用证涉及的是票据的买卖。

三、信用证的当事人和使用流程

在信用证结算方式下，涉及的当事人和使用流程如图11-1所示。

第十一章 国际商务运营

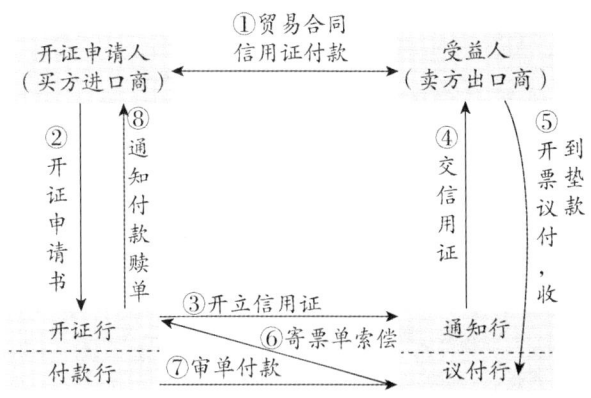

图 11-1 信用证流程

【注释】开证申请人一般是进口商或买方；开证行一般是进口商所在地的银行；通知行一般是出口商所在地的银行；受益人一般是出口商或卖方；议付行一般是指愿意买入出口商的跟单汇票并垫付资金的银行；付款行一般是信用证条件下指定的付款银行。

>> 典型例题

1. [单项选择题] 下列关于信用证的说法，错误的是（　　）。

A. 信用证是一种银行信用

B. 信用证是一种非独立的文件，受买卖合同的约束

C. 信用证是一种单据的买卖

D. 信用证是一种银行开立的、有条件的、承诺付款的书面文件

[解析] 本题考点为信用证的含义和特点。信用证的特点包括：①信用证是一种银行信用；②信用证是一种独立的文件，不受买卖合同的约束；③信用证是一种单据的买卖。信用证是一种银行开立的、有条件的、承诺付款的书面文件，故 B 项错误。

2. [单项选择题] 在信用证结算模式下，关于开证申请人和开证行的说法，正确的是（　　）。

A. 开证申请人为进口商，开证行为出口地银行

B. 开证申请人为出口商，开证行为出口地银行

C. 开证申请人为出口商，开证行为进口地银行

D. 开证申请人为进口商，开证行为进口地银行

[解析] 本题考点为信用证结算方式，主要涉及的当事人。开证申请人一般是进口商或买方；开证行一般是进口商所在地的银行；通知行一般是出口商所在地的银行；受益人一般是出口商或卖方；议付行一般是指愿意买入出口商的跟单汇票并垫付资金的银行；付款行一般是信用证条件下指定的付款银行。

答案：1. B　2. D

考点7　国际商品进出口主要业务 ☆☆☆

一、国际商品出口业务环节

国际商品出口业务环节的主要内容见表 11-13。

表 11-13　国际商品出口业务环节的主要内容

项目		具体内容
出口业务环节	出口方式	提倡以 CIF 条件、信用证结算方式成交
	①催证、审证、改证	
	②备货、包装、刷唛	备货（商品质量表示方式）：实物的方式（看货买卖和凭样品成交）；说明的方式（凭规格买卖、凭等级买卖、凭标准买卖、凭说明书和图样买卖、凭商标或牌号买卖、凭产地名称买卖）
		包装：运输包装（即外包装）和销售包装（即内包装）；中性包装和定牌包装
		刷唛（国际标准化组织制定的标准运输标志）：收货人或买方名称的英文缩写字母或简称；参考号；入运单号、订单号或发票号；目的地；件号
	③出口报检	法定检验和贸易检验。最迟应在出口报关或装运前 7 天报检
	④申领出口收汇核销单	报关前到当地的国家外汇管理局分支机构领取出口收汇核销单，并填写信息
	⑤租船订舱	班轮运输："四固定"的特点，即固定航线、固定港口、固定船期和相对固定的费率
		租船运输：不定期租船，包括定程租船和定期租船
		海运提单：简称提单，是货物的承运人或其代理人在收到货物后签发给托运人（CIF 条件下指卖方）的一种凭证，是海洋运输中的主要单证，具有货物收据、物权凭证和运输契约证明的作用
	⑥投保货运险	基本险：平安险、水渍险和一切险
		附加险：一般附加险：偷窃险等 11 种
		特殊附加险：海运战争险和罢工险
		【提示】责任范围由大到小依次为：一切险＞水渍险＞平安险
	⑦出口报关	三个阶段：前期管理阶段、进出境管理阶段、后续管理阶段
		四个环节：申报、查验、缴纳出口税、出口放行
	⑧货物装船与发运	
	⑨制单结汇	收妥结汇、押汇、定期结汇
	⑩办理出口收汇核销	申领核销单；报关审核；银行出具核销专用联；外汇管理部门核销
	⑪办理出口退税	

二、国际商品进口业务环节

国际商品进口业务环节的主要内容见表 11-14。

表 11-14　国际商品进口业务环节的主要内容

项目	具体内容
进口方式	一般按 FOB 条件，并采用信用证结算方式成交

续表

项目		具体内容
进口业务环节	①申请开立及修改信用证	
	②租船订舱	包括：分批装运和转运；装卸费用、装卸时间、装卸率；滞期费（货方未在规定时间完成装卸作业，货方向船方支付的一定罚金）、速遣费（货方节省了卸货时间，船方向货方支付一定的奖金） 【注意】速遣费一般为滞期费的1/2
	③投保货运险	逐笔投保和预约投保
	④缴款赎单	银行对出口商所在地银行付款，同时进口商使用人民币按照国家规定的有关外汇牌价向银行买汇赎单
	⑤进口报关	申报：向海关申报的时限为自运输工具申报进境之日起14天内。超过14天的期限未向海关申报的，由海关按日征收进口货物CIF价格的0.05%的滞报金；超过3个月未向海关申报的，由海关提交变卖
		查验
		纳税：根据《海关法》的规定，进口商应在海关签发税款缴款书的次日起7天内（星期日和节假日除外）向指定的银行缴纳税款。逾期未缴的，将依法追缴并按滞纳天数征收应缴款额的0.1%的滞纳金
		放行：由海关在进口货物报关单和货运单据上签字和加盖"验讫"章
	⑥进口报检	填写报检单；提供相应的单证；按规定缴纳检验检疫费
	⑦付清运费，换取提货单	首先要凭海运提单到承运人或其代理人处付清应付的运费，以海运提单换取提货单
	⑧提取货物	进口商或其货运代理凭提货单到船公司指定的仓库或码头提取进口货物，并办理转运和拨交给订货部门的相关手续
	⑨进口索赔	贸易索赔：对象是卖方；运输索赔：对象是承运人；保险索赔：对象是保险人
		索赔期限最长不超过2年

》典型例题

1. [单项选择题] 我国商品进口业务提倡以（　　）条件、信用证结算方式成交。

A. FOB　　　　　　　　　　　　B. CIF

C. CFR　　　　　　　　　　　　D. DDP

[解析] 本题考点为国际商品进出口主要业务。在我国的商品进口业务中，一般按FOB条件，并采用信用证结算方式成交，故选A项。

2. [单项选择题] 关于海运速遣费和滞期费的说法，错误的是（　　）。

A. 滞期费是货方对船方的奖金

B. 速遣费是船方向货方支付的奖金

C. 速遣费率一般是滞期费率的一半

D. 滞期费是货方对船方的罚金

[解析] 本题考点为速遣费和滞期费。滞期费是指货方未在规定时间完成装卸作业，货方

向船方支付的一定罚金,A 项错误。

3. [单项选择题] 根据我国《海关法》的规定,进口货物向海关申报的时间为自运输工具申报进境之日起（　　）。

A. 7 天内　　　　　　　　　　　B. 24 小时内
C. 14 天内　　　　　　　　　　　D. 30 天内

[解析] 本题考点为进口环节。根据我国《海关法》的规定,向海关申报的时限为自运输工具申报进境之日起 14 天内。

答案:1. A　2. A　3. C

亲爱的读者：

如果您对本书有任何 感受、建议、纠错，都可以告诉我们。

我们会精益求精，为您提供更好的产品和服务。

祝您顺利通过考试！

扫码参与问卷调查

经济师考试研究院